崇文馆

崇文国学经典普及文库

CHONGWEN GUOXUE JINGDIAN PUJI WENKU

声律启蒙　弟子规

李伟 注译

长江出版传媒｜崇文书局

图书在版编目(CIP)数据

声律启蒙　弟子规/李伟注译.—2版.—武汉:

崇文书局,2015.6(2016.1重印)

(崇文国学经典普及文库)

ISBN 978-7-5403-3882-4

Ⅰ.①声…　Ⅱ.①李…　Ⅲ.①诗词格律－中国－启蒙读物 ②古汉语－启蒙读物　Ⅳ.①I207.21②H194.1

中国版本图书馆CIP数据核字(2015)第110987号

统　　筹:陈中琼

责任编辑:刘　瑾

出版发行:长江出版传媒 Changjiang Publishing & Media | 崇文书局 Chongwen Publishing House

(武汉市雄楚大街268号·湖北出版文化城主楼C座11层

营销:027-87393855　传真:027-87679712)

印　　刷:湖北鄂南新华印刷包装有限公司

开　　本:710×1000　1/16

印　　张:11

字　　数:120千字

版　　次:2015年6月第2版

印　　次:2016年1月第3次印刷

定　　价:19.80元

总序

现代意义的“国学”概念，是在19世纪西学东渐的背景下，为了保存和弘扬中国优秀传统文化而提出来的。1935年，王滋尘在世界书局出版了《国学讲话》一书，第3页有这样一段说明：“庚子义和团一役以后，西洋势力益膨胀于中国，士人之研究西学者日益众，翻译西书者亦日益多，而哲学、伦理、政治诸说，皆异于旧有之学术。于是概称此种书籍曰‘新学’，而称固有之学术曰‘旧学’矣。另一方面，不屑以旧学之名称我固有之学术，于是有发行杂志，名之曰《国粹学报》，以与西来之学术相抗。‘国粹’之名随之而起。继则有识之士，以为中国固有之学术，未必尽为精粹也，于是将‘保存国粹’之称，改为‘整理国故’，研究此项学术者称为‘国故学’……”从“旧学”到“国故学”，再到“国学”，名称的改变意味着褒贬的不同，反映出身处内忧外患之中的近代诸多有识之士对中国优秀传统文化失落的忧思和希望民族振兴的宏大志愿。

从学术的角度看，国学的文献载体是经、史、子、集。崇文书局的这一套国学经典普及文库，就是从传统的经、史、子、集中精选出来的。属于经部的，如《诗经》《论语》《孟子》《周易》《大学》《中庸》《左传》；属于史部的，如《战国策》《史记》《三国志》《贞观政要》《资治通鉴》；属于子部的，如《道德经》《庄子》《孙子兵法》《鬼谷子》《世说新语》《颜氏家训》《容斋随笔》《本草纲目》《阅微草堂笔记》；属于集部的，如《楚辞》《唐诗三百首》《豪放词》《婉约词》《宋词三百首》《千家诗》《元曲三百首》《随园诗话》。这套书内容丰富，而分量适中。一个希望对中国优秀传统文化有所了解的人，读了这些书，一般说来，犯常识性错误的可能性就很小了。

崇文书局之所以出版这套国学经典普及文库，不只是为了普及国学常识，更重要的目的是，希望有助于国民素质的提高。在国学教育中，有一种倾向需要警惕，即把中国优秀的传统文化“博物馆化”。“博物馆化”是20世纪中叶美国学者列文森在《儒教中国及其现代命运》中提出的一个术语。列文森认为，中国传统文化在很多方面已经被博物馆化了。虽然中国传统的经典依然有人阅读，但这已不属于他们了。“不属于他们”的意思是说，这些东西没有生命力，在社会上没有起到提升我们生活品格的作用。很多人阅读古代经典，就像参观埃及文物一样。考古发掘出来的珍贵文物，和我们的生命没有多大的关系，和我们的生活没有多大关系，这就叫作博物馆化。“博物馆化”的国学经典是没有现实生命力的。要让国学经典恢复生命力，有效的方法是使之成为生活的一部分。崇文书局之所以强调普及，深意在此，期待读者在阅读这些经典时，努力用经典来指导自己的内外生活，努力做一个有高尚的人格境界的人。

国学经典的普及，既是当下国民教育的需要，也是中华民族健康发展的需要。章太炎曾指出，了解本民族文化的过程就是一个接受爱国主义教育的过程："仆以为民族主义如稼穑然，要以史籍所载人物制度、地理风俗之类为之灌溉，则蔚然以兴矣。不然，徒知主义之可贵，而不知民族之可爱，吾恐其渐就萎黄也。"(《答铁铮》)优秀的传统文化中，那些与维护民族的生存、发展和社会进步密切相关的思想、感情，构成了一个民族的核心价值观。我们经常表彰"中国的脊梁"，一个毋庸置疑的事实是，近代以前，"中国的脊梁"都是在传统的国学经典的熏陶下成长起来的。所以，读崇文书局的这一套国学经典普及读本，虽然不必正襟危坐，也不必总是花大块的时间，更不必像备考那样一字一句锱铢必较，但保持一种敬重的心态是完全必要的。

期待读者诸君喜欢这套书，期待读者诸君与这套书成为形影相随的朋友。

陈文新

（教育部长江学者特聘教授，武汉大学杰出教授）

前言

《声律启蒙》又名《声律启蒙撮要》，清人车万育(1632—1705)所著。车万育，字双亭，号鹤田，湖南邵阳人，康熙三年(1664)进士，授户部给事中，后升掌印。其所撰的《声律启蒙》是一本儿童作诗属对的启蒙读物，在清代家喻户晓，流传至今。

虽然明清时期的启蒙读物以《三字经》《百家姓》和《千字文》最为有名，但《声律启蒙》以其独特性迅速从同类读物中脱颖而出，历久弥新。全书按声韵格律分为上平声和下平声两卷，每卷包含十五个韵字。《声律启蒙》形式整饬，从单字对到多字对层层属对，读起来朗朗上口，较之其他全用三言或四言的句式更富韵味。从内容上看，《声律启蒙》包罗万象，上至天文，下至地理，神话传说，历史典故，信手拈来却又恰到好处。因此，《声律启蒙》不仅可以使儿童得到声律方面的专业训练，还可以开阔视野，丰富知识。

《弟子规》为清朝康熙年间的秀才李毓秀所作。李毓秀(1647—1729)，字子潜，号采三，山西绛州人。李毓秀毕生以教书为业，他根据传统对童蒙的要求，并结合自己的教书实践，写成了《训蒙文》，后来经过贾有仁的修订，更名为《弟子规》。全书以《论语·学而》中的“弟子入则孝，出则弟，谨而信，泛爱众，而亲仁，行有余力，则以学文”开篇，并围绕此义，用三字一句、两句一韵编纂而成。《弟子规》具体提出了为人子弟出门在外待人接物、求学读书时所应有的礼仪与规范，尤其讲究家庭教育与生活教育。全书浅显易懂，押韵顺口，内容十分符合封建伦理，在当时极有影响，尤其是在清代后期成为广为流传的童蒙读物。

《老学究语》为清人李惺所著。李惺（1785—1863），字伯子，号西沤，重庆垫江人，清代教育家。嘉庆二十二年（1817）三甲进士，选翰林院庶吉士，入庶常馆、散馆。道光十五年（1835）辞官归蜀，掌管成都锦江书院达二十年之久。其著述甚丰，后人辑为《西沤全集》和《西沤外集》。《老学究语》是一本阐述人情世故的通俗读物，由四言、六言和杂言三个部分组成。全书以“礼”发端，围绕世俗生活的方方面面展开探究，奉劝世人洁身自好、乐善好施等。作者用浅易的语言阐述了许多人生哲理，切实验证了“世事洞明皆学问，人情练达即文章”的真谛。时至今日，《老学究语》对我们的工作、学习和生活还是相当有益的。

由于注译者识见所限，书中难免有错漏之处，敬请读者批评指正。

声律启蒙

卷 一

卷　二

弟子规

附:

老学究语

声律启蒙

[清]车万育 著

卷一

一　东

云对雨，雪对风。晚照对晴空。来鸿对去燕，宿鸟对鸣虫。三尺剑[①]，六钧弓[②]。岭北对江东。人间清暑殿[③]，天上广寒宫[④]。两岸晓烟杨柳绿，一园春雨杏花红。两鬓风霜，途次早行之客[⑤]；一蓑烟雨，溪边晚钓之翁。

【注释】

①三尺剑：《汉书·高帝纪卷一下》："上击布时，为流矢所中，行道疾。疾甚，吕后迎良医。医入见，上问医。曰：'疾可治。'于是上嫚骂之，曰：'吾以布衣提三尺取天下，此非天命乎？命乃在天，虽扁鹊何益！'"

②六钧弓：《春秋左传·定公八年》："八年，春，王正月，公侵齐，门于阳州，士皆坐列，曰：'颜高之弓六钧。'皆取而传观之。"钧，古代重量单位，三十斤为一钧。

③清暑殿：《洛阳宫殿簿》一书记载："内有清暑殿。"

④广寒宫：《明皇杂录》："(唐)明皇与申天师中秋夜游月宫，见榜曰：广寒清虚之府。"此本为虚构之事，后用为月中仙宫名。

⑤次：止，停留，引申为途中止宿的处所。

沿对革[①]，异对同。白叟对黄童[②]。江风对海雾，牧子对渔翁。颜巷陋[③]，阮途穷[④]。冀北对辽东。池中濯足水[⑤]，门外打头风[⑥]。梁帝讲经同泰寺[⑦]，汉皇置酒未央宫[⑧]。尘虑萦心[⑨]，懒抚七弦绿绮[⑩]；霜华满鬓，羞看百炼青铜[⑪]。

【注释】

①沿：沿袭。革：变革。

②白叟、黄童：白叟，白发老人。黄童，指儿童，幼童发色黄，故称。唐代韩愈《元和圣德诗》："黄童白叟，踊跃欢呀。"

③颜巷陋：《论语·雍也》："子曰：'贤哉，回也！一箪食，一瓢饮，在陋巷，人不堪其忧，回也不改其乐。贤哉，回也！'"颜渊，名回，字子渊，孔子弟子。

④阮途穷：《晋书·阮籍传》："阮籍时率意独驾，不由径路，车迹所穷，辄恸哭而反。""反"同"返"。

⑤濯足：《孟子·离娄上》："有孺子歌曰：'沧浪之水清兮，可以濯我缨；沧浪之水浊兮，可以濯我足。'"濯，洗涤。

⑥打头风：见《琅環记》引《江湖记闻》："石尤风者，传闻为石氏女嫁为尤郎妇，情好甚笃，为商远行，妻阻之，不从。尤出不归，妻忆之，病亡。临亡长叹曰：'吾恨不能阻其行，以至于此！今凡有商旅远行，吾当作大风，为天下妇人阻之！'自后商旅发船，值打头逆风，则曰：

'此石尤氏风也。'遂止不行。"南宋洪迈《容斋随笔》:"石尤风,不知其义,意即打头逆风也。"

⑦同泰寺:《梁书·武帝纪下》:"大通元年三月,舆驾幸同泰寺舍身。"梁武帝常在同泰寺讲经,传有天雨宝花而下。寺在金陵,今不存。

⑧未央宫:西汉宫殿名。故址在今陕西省西安市西北长安故城内西南角,唐末毁。

⑨尘虑:尘世间的忧虑。

⑩绿绮:晋代傅玄《琴赋序》:"楚庄王有琴曰绕梁,司马相如有琴曰绿绮,蔡邕有琴曰焦尾,皆名器也。"

⑪青铜:古代镜子,以青铜铸造研磨而成,故称镜为青铜。

贫对富,塞对通。野叟对溪童。鬓皤对眉绿[①],齿皓对唇红。天浩浩[②],日融融[③]。佩剑对弯弓。半溪流水绿,千树落花红。野渡燕穿杨柳雨,芳池鱼戏芰荷风[④]。女子眉纤,额下现一弯新月;男儿气壮,胸中吐万丈长虹[⑤]。

【注释】

①皤(pó):白色。

②浩浩:广阔,辽远。《诗经·小雅·雨无正》:"浩浩昊天,不骏其德。"

③融融:和暖的样子。杜牧《阿房宫赋》:"歌台暖响,春光融融。"

④芰(jì):古书上指四角之菱。

⑤长虹:本指霓虹,后多用来比喻男子气魄雄伟。

二　冬

春对夏，秋对冬。暮鼓对晨钟[①]。观山对玩水，绿竹对苍松。冯妇虎[②]，叶公龙[③]。舞蝶对鸣蛩[④]。衔泥双紫燕，课蜜几黄蜂[⑤]。春日园中莺恰恰[⑥]，秋天塞外雁雍雍[⑦]。秦岭云横，迢递八千远路[⑧]；巫山雨洗，嵯峨十二危峰[⑨]。

【注释】

①暮鼓、晨钟：佛教规矩，寺庙中晚上打鼓，早晨敲钟。

②冯妇：人名，《孟子·尽心下》："晋人有冯妇者，善搏虎，卒为善士。"

③叶公：刘向《新序·杂事五》："君之好士也，有似叶公子高之好龙也。叶公子高好龙，钩以写龙，凿以写龙，屋室雕文以写龙，于是天龙闻而下之，窥头于牖，拖尾于堂，叶公见之，弃而还走，失其魂魄，五色无主。是叶公非好龙也，好夫似龙而非龙者也。"

④蛩(qióng)：即蟋蟀。王维《早秋山中作》诗："草间蛩响临秋急，山里蝉声薄暮悲。"

⑤课：采集。

⑥恰恰：莺啼声。杜甫《江畔独步寻花》："留连戏蝶时时舞，自在娇莺恰恰啼。"

⑦雍雍：鸟鸣和谐的样子。《诗经·邶风·匏(páo)有苦叶》："雍雍鸣雁，旭日始旦。"

⑧迢(tiáo)递：遥远的样子。

⑨嵯(cuó)峨：高峻的样子。《汉书·扬雄传上》："增宫嵾差，骈嵯峨兮。"

明对暗，淡对浓。上智对中庸[①]。镜奁对衣笥[②]，野杵对村舂[③]。花灼烁，草蒙茸[④]。九夏对三冬[⑤]。台高名戏马[⑥]，斋小号蟠龙[⑦]。手擘蟹螯从毕卓[⑧]，身披鹤氅自王恭[⑨]。五老峰高，秀插云霄如玉笔；三姑石大，响传风雨若金镛[⑩]。

【注释】

①上智：智力杰出的人。《论语·阳货》："子曰：'唯上知与下愚不移。'""知"同"智"。中庸：儒家的一种道德标准，指做人处事要守正不偏，过犹不及。

②奁(lián)：古代妇女梳妆用的镜匣。笥(sì)：盛东西的方形竹器。

③杵(chǔ)：用来捣粮食或捶衣物的木棒。舂(chōng)：古代称为碓，捣去皮壳或捣碎东西的用具。

④蒙茸：也作"蒙戎"，蓬松、纷乱的样子。苏轼《后赤壁赋》："予乃摄衣而上，履巉岩，披蒙茸。"

⑤九夏：泛指夏季。梁朝萧统有"三伏渐终，九夏将谢"句。三冬：泛指冬季。《汉书·东方朔传》："年十三学书，三冬文史足用。"

⑥戏马：台名。《南齐书》："宋武帝在彭城，九日游项羽戏马台。"

⑦蟠龙：斋名。《晋书·刘毅传》："初，桓温起斋，画龙于上，号蟠龙斋，后桓玄篡晋，刘毅起兵讨玄，至是居之，盖毅小字蟠龙。"

⑧擘：用拇指分开。蟹螯：《世说新语·任诞》："毕茂世云：'一手持蟹螯，一手持酒杯，拍浮酒池中，便足了一生。'"

⑨鹤氅(chǎng):《晋书·王恭传》:“恭美姿仪,人多爱悦,或目之云‘濯濯如春月柳’。尝被鹤氅裘,涉雪而行,孟昶窥见之,叹曰:‘此真神仙中人也!’”氅,外套。

⑩镛:古乐器,奏乐时表示节拍的大钟。

仁对义,让对恭[1]。禹舜对羲农[2]。雪花对云叶,芍药对芙蓉。陈后主[3],汉中宗[4]。绣虎对雕龙[5]。柳塘风淡淡,花圃月浓浓。春日正宜朝看蝶,秋风那更夜闻蛩。战士邀功,必藉干戈成勇武[6];逸民适志[7],须凭诗酒养疏慵[8]。

【注释】

①让:谦让。恭:恭敬。

②禹舜、羲农:传说中的中国上古帝王夏禹、虞舜、伏羲、神农。

③陈后主:南朝陈的最后一位皇帝陈叔宝,字元秀。在位七年,为隋灭。

④汉中宗:即汉宣帝,名刘询,汉武帝刘彻曾孙,在位二十五年,病死,终年四十二岁,庙号为中宗,谥号为宣帝。

⑤绣虎:宋曾慥《类说·玉箱杂记》:“曹植七步成章,号绣虎。”雕龙:南朝梁刘勰撰《文心雕龙》,论古今文体。

⑥干戈:干、戈均指古兵器。

⑦逸民:隐居的人。

⑧疏慵:懒散。

三 江

楼对阁，户对窗。巨海对长江。蓉裳对蕙帐[①]，玉斝对银釭[②]。青布幔[③]，碧油幢[④]。宝剑对金缸。忠心安社稷，利口覆家邦[⑤]。世祖中兴延马武[⑥]，桀王失道杀龙逄[⑦]。秋雨潇潇，熳烂黄花都满径；春风袅袅，扶疏绿竹正盈窗。

【注释】

①蓉裳：《楚辞·离骚》："制芰荷以为衣兮，集芙蓉以为裳。"蕙帐：南朝齐孔稚珪《北山移文》："蕙帐空兮夜鹤怨，山人去兮晓猿惊。"

②斝(jiǎ)：古代盛酒器具，圆口，三足。釭(gāng)：古代灯具。

③幔：帐幕，帷幕。

④幢：张挂在舟车上的帷幕。

⑤利口覆家邦：《论语·阳货》："恶利口之覆邦家者。"利口，能言善辩。

⑥"世祖"句：《后汉书·马武传》："马武字子张，南阳湖阳人也。少时避仇，客居江夏。王莽末，竟陵、西阳三老起兵于郡界，武往从之，从入绿林中，遂与汉军合。更始立，以武为侍郎，与世祖破王寻等。拜为振威将军，与尚书令谢躬共攻王郎。"

⑦龙逄(páng)：夏桀在位时为大夫，因为他敢于直谏，被桀杀害。

旌对旆[①]，盖对幢。故国对他邦。千山对万水，九泽对三江[②]。山岌岌[③]，水淙淙。鼓振对

钟撞。清风生酒舍，白月照书窗。阵上倒戈辛纣战[4]，道旁系剑子婴降[5]。夏日池塘，出没浴波鸥对对；春风帘幕，往来营垒燕双双。

【注释】

①旌(jīng)：古代的一种旗子，旗杆顶上用五色羽毛做装饰。旆(pèi)：古时末端形状像燕尾的旗。

②九泽：《广舆记》："吴越之间具区：楚云梦，秦杨纡，晋大陆，郑圃田，宋孟诸，齐海隅，燕钜鹿，并昭余祁，为九薮。"薮即沼泽。三江：《尚书·禹贡》："三江既入，震泽底定。"蔡沈注："三江在震泽下分流，东北入海为娄江，东南入海为东江，并松江为三江。"《韵府群玉》："三江乃钱塘、扬子、松江。一云松江、钱塘、浦阳，一云在苏州。"

③岌岌：形容山势高耸。

④倒戈：《尚书·武成》："罔有敌于我师。前徒倒戈，攻于后以北。"后用倒戈表示背叛、反击自己的阵营。

⑤系剑：《纲鉴》："汉刘邦元年冬月，王子婴素车白马系剑于道旁以降。"子婴：秦始皇之孙。

铢对两[1]，只对双。华岳对湘江[2]。朝车对禁鼓[3]，宿火对寒缸。青琐闼[4]，碧纱窗。汉社对周邦。笙箫鸣细细，钟鼓响㧐㧐[5]。主簿栖鸾名有览⑥，治中展骥姓惟庞⑦。苏武牧羊⑧，雪屡餐于北海；庄周活鲋⑨，水必决于西江。

【注释】

①铢、两：均为古代重量单位，二十四铢为一两。

②华岳：即西岳华山，在今陕西华阴市。湘江：在今湖南省。

③朝车：古时官廷所用之车。禁鼓：古时官禁所用之鼓，用以报时。

④青琐：门窗上镂刻的青色图文。后也借指刻镂成格的窗户或宫门。《汉书·元后传》："曲阳侯根骄奢僭上，赤墀青琐。"闼(tà)：宫中的小门，泛指门。

⑤纵(chuāng)纵：撞击钟鼓之声。

⑥"主簿"句：《后汉书·仇览传》："仇览字季智，陈留考城人也。少为书生淳默，乡里无知者。年四十，县召补吏，选为蒲亭长。"时考城令河内王涣曰："枳棘非鸾凤所栖，百里岂大贤之路？今日太学曳长裾，飞名誉，皆主簿后耳。以一月奉为资，勉卒景行。"

⑦"治中"句：《三国志·庞统传》："庞统字士元，……统以从事守耒阳令，在县不治，免官。吴将鲁肃遗先主书曰：'庞士元非百里才也，使处治中、别驾之任，始当展其骥足耳！'"治中、别驾，皆府佐名。骥，千里马。

⑧苏武牧羊：《汉书·苏建传附苏武传》载，西汉大臣苏武，武帝时为郎，出使匈奴，被扣留。"乃徙武北海上无人处，使牧羝。羝乳，乃得归。"苏武持节不屈，留居匈奴十九年。至昭帝时方获释回朝。

⑨庄周活鲋(fù)：《庄子·外物》："庄周忿然作色曰：周昨来，有中道而呼者，周顾视车辙中，有鲋鱼焉。周问之曰：'鲋鱼来！子何为者邪？'对曰：'我东海之波臣也，君岂有斗升之水而活我哉？'周曰：'诺，我且南游吴越之王，激西江之水而迎子，可乎？'"喻身处困境，不被同情。

四 支

茶对酒，赋对诗。燕子对莺儿。栽花对种竹，落絮对游丝。四目颉[①]，一足夔[②]。鸲鹆对鹭鸶[③]。半池红菡萏[④]，一架白荼蘼[⑤]。几阵秋风能应候，一犁春雨甚知时。智伯恩深，国士吞变形之炭[⑥]；羊公德大，邑人竖堕泪之碑[⑦]。

【注释】

①四目颉(jié)：《姓氏谱》："苍颉，上古人，生而神圣，有四目。"传说汉字即为仓颉所创。

②一足夔：《孔丛子·论书》："鲁哀公问孔子曰：'吾闻夔一足，有异于人，信乎？'子曰：'昔重犁举夔而进，欲求人佐焉。舜曰：一夔足矣。非言止一足也。'公曰：'善。'"后用"夔一足"或"一夔已足"表示传言错误，或借喻误解文句，也表示得有专长之人，数不在多。

③鸲鹆(qú yù)：即八哥。

④菡萏(hàn dàn)：荷花的别称。

⑤荼蘼(tú mí)：落叶小灌木，花白色，有香气，供观赏。

⑥"智伯恩深"句：《史记·刺客列传》载，赵襄子杀智伯，豫让欲为主报仇，乃吞炭为哑，漆身为癞，使襄子不备。

⑦"羊公德大"句：《晋书·羊祜传》载，羊祜字叔子，武帝时镇荆州，甚得民心，死葬岘山，百姓"望其碑者莫不流涕，杜预因名为堕泪碑"。

行对止，速对迟。舞剑对围棋。花笺对草字[①]，竹简对毛锥[②]。汾水鼎[③]，岘山碑[④]。虎豹对熊罴[⑤]。花开红锦绣，水漾碧琉璃。去妇因探邻舍枣[⑥]，出妻为种后园葵[⑦]。笛韵和谐，仙管恰从云里降；橹声咿轧，渔舟正向雪中移。

【注释】

①笺：供题诗、写信用的精美纸张。草字：即草书。

②毛锥：毛笔。

③汾水鼎：《纲鉴》："汉武帝得宝鼎于汾水，改元元鼎元年。"

④岘山碑：即堕泪碑。

⑤罴(pí)：棕熊。

⑥"去妇"句：《汉书·王吉传》："吉少时，学问居长安。东家有大枣树，垂吉庭中，吉妇取枣以啖吉。吉后知之，乃去妇。东家闻而欲伐其树，邻里共止之，固因请吉还妇。"后遂以"王阳迁妇"表示夫妻间纠纷。

⑦“出妻”句：《汉书·董仲舒传》：“故公仪子相鲁，之其家见织帛，怒而出其妻，食于舍而茹葵，愠而拔其葵，曰：‘吾已食禄，又夺园夫红女利乎！’”后用这个典故表示居官者不与民争利。

戈对甲，鼓对旗。紫燕对黄鹂。梅酸对李苦，青眼对白眉①。三弄笛②，一围棋。雨打对风吹。海棠春睡早③，杨柳昼眠迟④。张骏曾为槐树赋⑤，杜陵不作海棠诗⑥。晋士特奇，可比一斑之豹⑦；唐儒博识，堪为五总之龟⑧。

【注释】

①青眼：《晋书·阮籍传》载，阮籍不拘礼教，能为青白眼。见凡俗之士，以白眼对之。嵇康赍酒挟琴以造之，籍大悦，乃对以青眼。青眼，眼睛正视，黑眼珠在中间。后以青眼表示对人的器重或喜爱。白眉：《三国志·马良传》载，马良，字季常，眉有白毫，弟兄五人皆有才名，并以常为字。谚曰：“马氏五常，白眉最良。”

②三弄笛：古代笛曲有《梅花三弄》。

③海棠春睡：《太真外传》：“杨太真初睡起，明皇笑曰：‘海棠春睡未足耶？’”

④杨柳眠：《三辅旧事》：“汉苑有柳如人，名人柳，一日三眠三起。”

⑤“张骏”句：《凉录》：“初，河右无柳，张骏之取于秦陇，植之皆死，独酒泉宫西北隅有槐生焉，因著《槐树赋》。”按《晋书·李玄盛传》：“先是，河右不生楸、槐、柏、漆，张骏之世，取于秦陇而植之，终于皆死，而酒泉宫之西北隅有槐树生焉，玄盛又著《槐树赋》以寄情。”据此，则赋非张骏所作。

⑥“杜陵”句:《王禹偁诗话》:“杜陵无海棠诗,以母名海棠也。陆放翁云:‘老杜不应无海棠诗,意必失传耳。’”

⑦一斑之豹:《世说新语·方正》:“王子敬数岁时,尝看诸门生樗蒲,见有胜负,因曰:‘南风不竞。’门生辈轻其小儿,乃曰:‘此郎亦管中窥豹,时见一斑。’子敬瞋目曰:‘远惭荀奉倩,近愧刘真长!’遂拂衣而去。”后用“管中窥豹”借喻所见只是局部,而不见全体。

⑧五总之龟:《唐书·殷践猷传》载,殷践猷博通经籍,号五总龟。谓龟千年五聚,问无不知也。龟每两百年生出两尾称一总,至千岁生出五总为一聚,五总之龟无所不知。

五　微

来对往，密对稀。燕舞对莺飞。风清对月朗，露重对烟微。霜菊瘦，雨梅肥。客路对渔矶[①]。晚霞舒锦绣，朝露缀珠玑[②]。夏暑客思欹石枕[③]，秋寒妇念寄边衣[④]。春水才深，青草岸边渔父去；夕阳半落，绿莎原上牧童归[⑤]。

【注释】

①矶(jī)：水边突出的岩石或石滩。

②珠玑：珠子。

③欹(qī)：倾斜，歪。

④边衣：汉唐以来，四边多事，故从征者众。每当秋寒，妇念其夫，则寄征衣，故亦称征衣为边衣。

⑤莎(suō)：指莎草，又名香附子。郑谷《咏怀》："春锄抛药圃，烟艇忆莎坡。"

宽对猛，是对非。服美对乘肥。珊瑚对玳瑁，锦绣对珠玑。桃灼灼[1]，柳依依[2]。绿暗对红稀。窗前莺并语，帘外燕双飞。汉致太平三尺剑，周臻大定一戎衣[3]。吟成赏月之诗，只愁月堕；斟满送春之酒，惟憾春归。

【注释】

①灼灼：鲜明光亮的样子。《诗经·周南·桃夭》："桃之夭夭，灼灼其华。"

②依依：茂盛的样子。《诗经·小雅·采薇》："昔我往矣，杨柳依依；今我来思，雨雪霏霏。"

③臻：达到。一戎衣：《尚书·武成》："一戎衣，天下大定。"

声对色，饱对饥。虎节对龙旗[1]。杨花对桂叶，白简对朱衣[2]。龙也吠[3]，燕于飞[4]。荡荡对巍巍。春暄资日气[5]，秋冷借霜威。出使振威冯奉世[6]，治民异等尹翁归[7]。燕我弟兄，载咏棣棠韡韡[8]；命伊将帅，为歌杨柳依依。

【注释】

①虎节：古时使臣所持的虎形信物。《周礼·地官·掌节》："凡邦国之使节，山国用虎节，土国用人节，泽国用龙节，皆金也。"龙旗：画交龙图纹之旗。《诗经·商颂·玄鸟》："龙旂十乘，大糦是承。"

②白简：古代御史有所奏劾，使用白简。简本为竹或木片，自纸行用

后，书笺也通称简。《晋书·傅玄传》载，傅玄性急，每有奏劾，或值日暮，捧白简坐以待旦。朱衣：红衣。宋代欧阳修诗："文章自古无凭据，惟愿朱衣一点头。"昔时欧阳修知贡举，每阅卷，觉旁有朱衣人点头，然后入格。又唐时四五品官穿红色衣服。

③尨(máng)：长毛狗。

④燕于飞：燕子双双，比翼而飞。《诗经·邶风·燕燕》："燕燕于飞，差池其羽。"

⑤暄：暖。

⑥冯奉世：《汉书·冯奉世传》载，冯奉世持节使西域，拔破莎车，要功万里之外，赐封关内侯。

⑦尹翁归：《汉书·尹翁归传》载，尹翁归守东海，后迁扶风守，其治民，凡赏善，刑奸，除盗，息课，各异其等。

⑧燕：即宴。棣棠：《诗经·小雅·常棣》："常棣之华，鄂不韡韡。""常棣"同"棠棣"，也作唐棣、棣棠，一种落叶灌木。后以棠棣代指兄弟情谊。韡(wěi)韡：鲜明茂盛的样子。

六　鱼

无对有，实对虚。作赋对观书。绿窗对朱户，宝马对香车。伯乐马[1]，浩然驴[2]。弋雁对求鱼[3]。分金齐鲍叔[4]，奉璧蔺相如。掷地金声孙绰赋[5]，回文锦字窦滔书[6]。未遇殷宗，胥靡困傅岩之筑[7]；既逢周后，太公舍渭水之渔[8]。

【注释】

①伯乐：春秋时相马家，姓孙名阳。曾为秦穆公相马，认为求良马不难，求天下之马难。因其善于相马，所以人们用神话中掌管天马的星“伯乐”来称呼他。

②浩然驴：《韵府群玉》：“孟浩然尝于灞水冒雪骑驴寻梅花，曰：‘吾诗思在风雪中驴子背上。’”

③弋（yì）雁：《诗经·郑风·女曰鸡鸣》：“将翱将翔，弋凫与雁。”弋，带有绳子的箭，用以射鸟，此名词作动词用。求鱼：爬到树上找鱼，比喻方法不对，劳而无功。《孟子·梁惠王上》：“以若所为求若所欲，

犹缘木而求鱼也。”

④分金齐鲍叔：《史记·管晏列传》：“管仲曰：‘吾始困时，尝与鲍叔贾，分财利，自多与，鲍叔不以我为贪，知我贫也。’”后常以“管鲍之交”或“鲍叔知我”比喻深厚的友谊。

⑤“掷地”句：《晋书·孙绰传》：“（孙绰）尝作《天台山赋》，辞致甚工，初成，以示友人范荣期，云：‘卿试，掷地，当作金石声也。’”

⑥“回文”句：《晋书·列女传》：“窦滔妻苏氏，始平人也，名蕙，字若兰，善属文。滔，苻坚时为秦州刺史，被徙流沙，苏氏思之，织锦为回文旋图诗以赠滔。宛转循环以读之。词甚凄惋，凡八百四十字，文多不录。”

⑦“未遇殷宗”句：《史记·殷本纪》：“武丁夜梦得圣人，名曰说。以梦所见视群臣百吏，皆非也。于是乃使百工营求之野，得说于傅险中。是时说为胥靡，筑于傅险。见于武丁，武丁曰：‘是也！’得而与之语，果圣人。举以为相，殷国大治。”胥靡，刑徒，苦役。

⑧“既逢周后”句：渭水即今陕西水名。传说姜太公钓鱼于渭，文王遇之，与之同载而归，辅佐周文王。周武王伐商，尊为师尚父。

终对始，疾对徐①。短褐对华裾②。六朝对三国，天禄对石渠③。千字策④，八行书⑤。有若对相如⑥。花残无戏蝶，藻密有潜鱼。落叶舞风高复下，小荷浮水卷还舒。爱见人长，共服宣尼休假盖⑦；恐彰己吝，谁知阮裕竟焚车⑧。

【注释】

①徐：慢慢地。

②褐:指粗布制成的衣服,古时为穷人所穿。裾:衣服的前后襟。

③天禄:《汉书·刘向传》载,刘向校书天禄阁。石渠:《汉书·萧何传》载,萧何建石渠阁以藏图籍,后成帝用以藏秘书。

④千字策:《文献通考》载,唐代临轩试以诗赋,至宋始定策试之制,限以千字。

⑤八行书:指书信。唐孟浩然诗:"家书寄八行。"汉马融寄窦尚书,内有"两纸八行"之语。

⑥有若:孔子弟子。相如:一云蔺相如,战国人。一云司马相如,西汉人。

⑦"共服"句:《孔子家语·致思》载:"孔子将出而雨,门人曰:'商有盖,请假焉。'子曰:'商为人短于财,吾闻与人交者,推长而违短,故久;吾非不知商有盖,恐不借而彰其过也。'"宣尼,即孔子,字仲尼,后世尊为大成至圣文宣王。假盖,指借伞。

⑧"谁知"句:《世说新语·德行》载,阮裕字思旷,"有好车,借者无不皆给。有人葬母,意欲借而不敢言。阮后闻之,叹曰:'吾有车而使人不敢借,何以车为!'遂焚之。"

麟对凤,鳖对鱼。内史对中书[①]。犁锄对耒耜[②],畎浍对郊墟[③]。犀角带,象牙梳。驷马对安车。青衣能报赦[④],黄耳解传书[⑤]。庭畔有人持短剑[⑥],门前无客曳长裾[⑦]。波浪拍船,骇舟人之水宿;峰峦绕舍,乐隐者之山居。

【注释】

①内史、中书:皆为古代官名。

②耒耜(lěi sì):古代一种像犁的农具,也泛指农具。

③甽(quǎn)、浍(kuài)：均指田间的小水沟。郊墟：郊外；村野荒丘间。

④青衣：《白孔六帖》："苻坚屏人作赦文，有蝇入室，驱之复来。俄而人知有赦，诘其所得，皆云有青衣人呼于市。坚曰：'是前青蝇也。'"

⑤黄耳：犬名。《晋书·陆机传》："初，机有骏犬，名黄耳，甚爱之。既而羁遇京师，久无家问。笑语犬曰：'我家绝无书信，汝能赍书取消息不？'犬摇尾作声。机乃为书，以竹筒盛之，而系其颈。犬寻路南走，遂至其家，得报还洛。其后因以为常。"后以"黄耳"喻指信使。

⑥短剑：《列国传》载，燕太子丹使荆轲刺秦王，假为献图，图中藏匿匕首，秦王觉，乃惊走。匕首即短剑。

⑦长裾：《汉书·邹阳传》载，邹阳《上吴王书》曰："今臣尽智毕议，易精极虑，则无国不可奸；饰固陋之心，则何王之门不可曳长裾乎？"

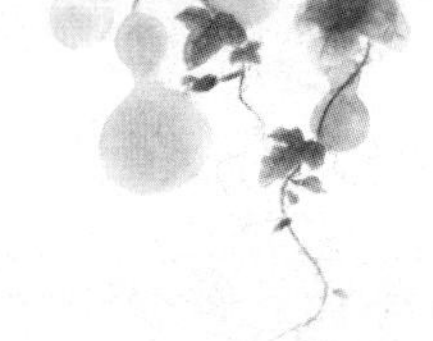

七 虞

金对玉，宝对珠。玉兔对金乌[1]。孤舟对短棹[2]，一雁对双凫。横醉眼，捻吟须[3]。李白对杨朱[4]。秋霜多过雁，夜月有啼乌。日暖园林花易赏，雪寒村舍酒难沽。人处岭南，善探巨象口中齿[5]；客居江左，偶夺骊龙颔下珠[6]。

【注释】

①玉兔：传说月中有玉兔，后用玉兔代指月亮。金乌：传说日中有三足乌，后用金乌代指太阳。

②棹(zhào)：船桨，这里代指小舟。

③吟须：唐朝卢延让《苦吟》诗："吟安一个字，捻断数茎须。"

④杨朱：战国时期道家杨朱学派创始人，主张"为我"、"贵生重己"。孟子称其"拔一毛而利天下不为也"。

⑤巨象口中齿：《南州异物志》："象脱牙犹自爱惜，掘地藏之。人欲取，必作假牙代之，不令其见，见则后不藏故处。"

⑥骊龙颔下珠：《庄子·列御寇》："河上有家贫恃纬萧而食者，其子没于渊，得千金之珠。其父谓其子曰：'取石来锻之。夫千金之珠，必在九重之渊，而骊龙颔下。子能得珠者，必遭其睡也。使骊龙而寤，子尚奚微之有哉！'"

贤对圣，智对愚。傅粉对施朱。名缰对利锁，挈榼对提壶①。鸠哺子②，燕调雏③。石帐对郇厨④。烟轻笼岸柳，风急撼庭梧。鸜眼一方端石砚⑤，龙涎三炷博山垆⑥。曲沼鱼多，可使渔人结网；平畴兔少，漫劳耕者守株⑦。

【注释】

①榼(kē)：古时盛酒的器具。

②鸠哺子：《尔雅·释鸟》："鸠哺子，朝自上而下，暮自下而上也。"

③燕调雏：《竹溪闲话》："燕雏将长，其母调之使飞。"

④石帐：《晋书·石崇传》载，石崇尝作锦丝步帐五十里。郇厨：《世说补》："唐韦陟封郇公，性好奢，厨中饮食错杂，人入其中，多饱饫而归。"

⑤鸜(qú)眼：《砚谱》："端溪砚石有鸜鹆眼。"端州在今广东高要市，是古代石砚的主要产地之一。端州石砚上有鸜鹆眼之形迹。

⑥龙涎：香名。《香谱》："大食国出龙涎香。"博山垆：香炉名。唐李白诗："博山炉中沉香火。""垆"通"炉"。

⑦守株：即守株待兔之意。《韩非子·五蠹》："宋人有耕田者，田中有株，兔走触株，折颈而死。因释其耒而守株，冀复得兔。兔不可复得，而身为宋国笑。"

秦对赵，越对吴。钓客对耕夫。箕裘对杖履[①]，杞梓对桑榆。天欲晓，日将晡[②]。狡兔对妖狐。读书甘刺股[③]，煮粥惜焚须[④]。韩信武能平四海[⑤]，左思文足赋三都[⑥]。嘉遁幽人[⑦]，适志竹篱茅舍；胜游公子，玩情柳陌花衢[⑧]。

【注释】

①箕裘：《礼记·学记》：“良冶之子，必学为裘；良弓之子，必学为箕。”箕，三面有边缘、一面敞口的器具。箕裘，指继承父业。杖履：古代礼仪，五十岁的老人得扶杖，又古人入室必脱鞋于外，而长者可入室而后脱鞋。所以杖履为敬老之词。

②晡(bū)：申时，下午三点至五点。

③刺股：《战国策·秦策一》载，苏秦说秦不行，乃夜读书，“欲睡，引锥自刺其股，血流至足”。形容刻苦力学。

④焚须：《新唐书·李勣传》：“(李勣)性友爱，其姊病，尝自为粥而燎其须。姊戒止。答曰：‘姊多疾，而勣且老，虽欲数进粥，尚几何？’”

⑤韩信：《汉书》载，韩信佐高祖，平四海，定天下，封淮阴侯。

⑥左思：《晋书》载，左思写《三都赋》，十年乃成。及赋成，时人未之重。及张载为注《魏都》，刘逵为注《吴》《蜀》，司空张华见而叹曰：“班张之流也。使读之者尽而有余，久而更新。”于是豪贵之家竞相传写，洛阳为之纸贵。后用“洛阳纸贵”形容文章风行一时，人以先睹为快。

⑦遁：隐居。

⑧胜游：快乐地游玩。衢：四通八达的大街。

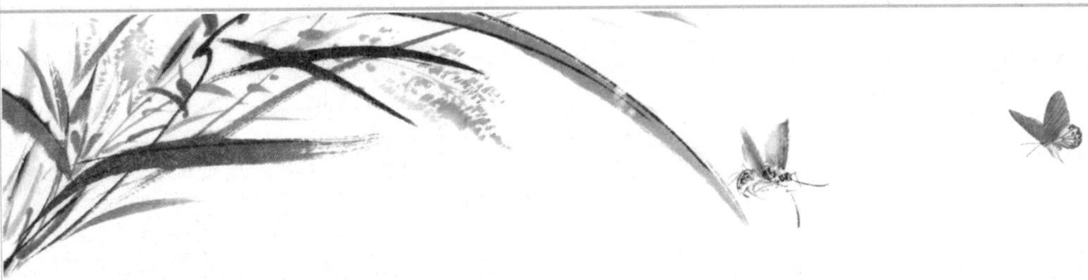

八　齐

岩对岫[1]，涧对溪。远岸对危堤[2]。鹤长对凫短[3]，水雁对山鸡。星拱北，月流西。汉露对汤霓[4]。桃林牛已放[5]，虞坂马长嘶[6]。叔侄去官闻广受[7]，弟兄让国有夷齐[8]。三月春浓，芍药丛中蝴蝶舞；五更天晓，海棠枝上子规啼[9]。

【注释】

①岫(xiù)：山峰或山洞。

②危：高。

③鹤长、凫短：《庄子·骈拇》："是故凫胫虽短，续之则忧；鹤胫虽长，断之则悲。"比喻事物各有特点。

④汉露：《汉书·郊祀志上》载，武帝造金茎玉盘以承露。汤霓：成汤征伐天下，民望之若大旱之望云霓。

⑤桃林：地名，在华山东。《尚书·武成》："归马于华山之阳，放牛于桃林之野，示天下弗服。"弗服，谓不再使用牛马征战。

⑥虞坂：地名，在今山西平陆境内。《韩非子》："骐骥困盐车，负而上虞坂，顾伯乐而长鸣，知其识己也。"

⑦去官：《汉书·疏广传》："疏广，字仲翁，为太子太傅。兄子受为少傅。广

谓受曰：'吾闻知足不辱，知止不殆，功遂身退，天之道也。'上疏乞归田。"

⑧让国：《史记·伯夷列传》："伯夷、叔齐，孤竹君之二子也。父欲立叔齐，及父卒，叔齐让伯夷，伯夷曰：'父命也。'遂逃去。叔齐亦不肯立而逃之。国人立其中子。"

⑨子规：杜鹃鸟的别名。

云对雨，水对泥。白璧对玄圭①。献瓜对投李②，禁鼓对征鼙③。徐稚榻④，鲁班梯⑤。凤翥对鸾栖⑥。有官清似水，无客醉如泥。截发惟闻陶侃母⑦，断机只有乐羊妻⑧。秋望佳人，目送楼头千里雁；早行远客，梦惊枕上五更鸡。

【注释】

①玄圭：黑玉。玄，黑色。圭，古代帝王、诸侯举行礼仪时所用的玉器，上尖下方。

②献瓜：《韵府群玉》："唐德宗时，有献瓜果欲授官者。"投李：《诗经·卫风·木瓜》："投我以木李，报之以琼玖，匪报也，永以为好也。"

③鼙(pí)：古代军队中用的小鼓。

④徐稚榻：《后汉书·徐稚传》："陈蕃为太守，以礼请署功曹，稚不免之，既谒而退。蕃在郡不接宾客，惟稚来特设一榻，去则县之。""县"同"悬"。

⑤鲁班梯：《备考》载："公输子名班，又名般，鲁之巧人也，尝为楚造云梯以攻宋。"

⑥翥(zhù)：向上飞。

⑦截发：《晋书·陶侃传》："陶侃，字士行，本鄱阳人也。吴平，徙家庐江之寻阳。父丹，吴扬武将军。侃早孤贫，为县吏。鄱阳孝廉范逵

尝过侃，时仓卒无以待宾，其母乃截发得双髲，以易酒肴，乐饮极欢，虽仆从亦过所望。”

⑧断机：《后汉书·列女传·乐羊子妻》：“（乐羊子）一年来归，妻跪问其故，羊子曰：‘久行怀思，无它异也。’妻乃引刀趋机而言曰：‘此机生自蚕茧，成于机杼，一丝而累，以至于寸；累寸不已，遂成丈匹。今若断斯织也，则捐失成功，稽废时月。夫子积学，当日知其所亡，以就懿德，若中道而归，何异断斯织乎？’羊子感其言，复还终业，遂七年不反。”“反”同“返”。

熊对虎，象对犀。霹雳对虹霓。杜鹃对孔雀，桂岭对梅溪。萧史凤[①]，宋宗鸡[②]。远近对高低。水寒鱼不跃，林茂鸟频栖。杨柳和烟彭泽县[③]，桃花流水武陵溪[④]。公子追欢，闲骤玉骢游绮陌[⑤]；佳人倦绣，闷欹珊枕掩香闺。

【注释】

①萧史凤：《绿窗新语·萧史教弄玉吹箫》：“萧史者，秦穆公时人也，善吹箫。能致孔雀、白鹤于庭。穆公有女，字弄玉，好之，公遂以女妻焉。日教弄玉作凤鸣。居数年，吹似凤声，凤凰来止其屋。公为作凤台，夫妇止其上，不下数年。一旦，皆随凤飞去。”

②宋宗鸡：《晋书》载，晋人宋处宗置一鸡于窗间，作人语，与宗谈论，极有玄致，宗功业大进。后遂以鸡窗谓书窗。

③彭泽：陶潜曾任彭泽县令，其居住处喜植柳，号五柳先生。

④武陵：陶潜《桃花源记》中载，晋太元中，有武陵人以捕鱼为业，缘溪行，逢桃花源。

⑤骤：马奔跑。玉骢：白马。

九 佳

河对海，汉对淮。赤岸对朱崖。鹭飞对鱼跃，宝钿对金钗。鱼圉圉[1]，鸟喈喈[2]。草履对芒鞋[3]。古贤崇笃厚，时辈喜诙谐。孟训文公谈性善[4]，颜师孔子问心斋[5]。缓抚琴弦，像流莺而并语；斜排筝柱，类过雁之相挨。

【注释】

①圉(yǔ)圉：局促不舒展的样子。《孟子·万章上》："始舍之，圉圉焉，少则洋洋焉，悠然而逝。"朱熹注：圉圉，困而未舒之状。

②喈(jiē)喈：象声词，禽鸟鸣声。《诗经·周南·葛覃》："黄鸟于飞，集于灌木，其鸣喈喈。"

③草履：草鞋。芒鞋：以芒草编成的草鞋。

④性善：《孟子·滕文公上》："滕文公为世子，将之楚，过宋而见孟子。孟子道性善，言必称尧舜。"

⑤心斋：排除一切欲念，保持心境的纯净。《庄子·人间世》："唯道集虚。虚者，心斋也。"

丰对俭，等对差。布袄对荆钗。雁行对鱼阵，榆塞对兰崖。挑荠女，采莲娃[1]。菊径对苔阶。诗成六义备[2]，乐奏八音谐[3]。造律吏哀秦法酷[4]，知音人说郑声哇[5]。天欲飞霜，塞上有鸿行已过；云将作雨，庭前多蚁阵先排。

【注释】

①娃:古时指少女。

②六义:《诗经》之风、雅、颂、赋、比、兴。

③八音:指古时的八类乐器:金、石、丝、竹、匏、土、革、木。

④"造律"句:《纲鉴》:"汉高入咸阳,哀秦法太酷,约以三章之法。后无以除奸,命萧何造律,次其轻重。"

⑤"知音"句:《法言·吾子》:"中正则雅,多哇则郑。"又《论语·阳货》:"恶紫之夺朱也,恶郑声之乱雅乐也。"郑声,指郑地的俗乐。哇,靡曼的乐音。

城对市,巷对街。破屋对空阶。桃枝对桂叶,砌蚓对墙蜗①。梅可望②,橘堪怀③。季路对高柴④。花藏沽酒市,竹映读书斋。马首不容孤竹扣⑤,车轮终就洛阳埋⑥。朝宰锦衣,贵束乌犀之带⑦;宫人宝髻,宜簪白燕之钗⑧。

【注释】

①砌蚓:阶砌缝隙中的蚯蚓。

②梅可望:《世说新语·假谲》:"魏武(曹操)行役,失汲道,军皆渴,乃令曰:'前有大梅林,饶子,甘酸可以解渴。'士卒闻之,口皆出水,乘此得及前源。"后以"望梅止渴"比喻用空想自慰。

③橘堪怀:《三国志·吴书·陆绩传》:"绩年六岁,于九江见袁术。术出橘,绩怀三枚去,拜辞,堕地。术谓曰:'陆郎作宾客而怀橘乎?'绩跪答曰:'欲归遗母。'术大奇之。"后用"怀橘"表示敬亲之义。

④季路、高柴：均为孔子弟子。

⑤“马首”句：《史记·伯夷列传》：“及至，西伯卒，武王载木主，号为文王，东伐纣。伯夷、叔齐叩马而谏曰：‘父死不葬，爰及干戈，可谓孝乎？以臣弑君，可谓仁乎？’左右欲兵之。太公曰：‘此义人也！’扶而去之。”

⑥“车轮”句：《后汉书·张皓传附张纲传》：“汉安元年，选遣八使徇行风俗，皆耆儒知名，多历显位。唯纲年少，官次最微。余人受命之部，而纲独埋其轮于洛阳都亭，曰：‘豺狼当路，安问狐狸？’”

⑦乌犀之带：《旧唐书·裴度传》：“元和十二年八月三日，（裴）度赴淮西，上御通化门慰勉之。度楼下衔涕而辞，赐之犀带。”后指朝官之贵。

⑧白燕之钗：《汉书》载，汉成帝起招灵阁，有神女进一燕钗，帝赐赵婕妤。昭帝时的一位宫人碎之，化白燕飞去。

十　灰

增对损[1]，闭对开。碧草对苍苔。书签对笔架，两曜对三台[2]。周召虎[3]，宋桓魋[4]。阆苑对蓬莱[5]。薰风生殿阁，皓月照楼台。却马汉文思罢献[6]，吞蝗唐太冀移灾[7]。照耀八荒，赫赫丽天秋日；震惊百里，轰轰出地春雷[8]。

【注释】

①损：减少。

②两曜(yào)：指日、月。日、月、星都叫曜。三台：星名。《星经》："三台六星，在人为三公，在天为三台。上台司命，中台司爵，下台司禄。"

③召虎：周宣王之大臣。《诗经·大雅·江汉》："江汉之浒，王命召虎。"

④桓魋(tuí)：《史记·孔子世家》："孔子去曹适宋，与弟子习礼大树下。宋司马桓魋欲杀孔子，拔其树。孔子去。弟子曰：'可以速矣。'孔子曰：'天生德于予，桓魋其如予何！'"

⑤阆(làng)苑、蓬莱：皆为西王母仙境。

⑥"却马"句：《汉书·贾捐之传》载，文帝时有献千里马者，诏还之，罢其献。

⑦"吞蝗"句：《唐书》载，唐太宗时蝗灾流行，乃取蝗自吞。曰："但当食朕心，毋害百姓。"蝗果去。

⑧轰轰：比喻极响之声。

沙对水，火对灰。雨雪对风雷。书淫对传癖[1]，水浒对岩隈[2]。歌旧曲，酿新醅[3]。舞馆对歌台。春棠经雨放，秋菊傲霜开。作酒固难忘曲蘖，调羹必要用盐梅[4]。月满庾楼，据胡床而可玩[5]；花开唐苑，轰羯鼓以奚催[6]。

【注释】

①书淫：嗜书成癖的人。《晋书·皇甫谧传》："皇甫谧，字士安，幼名静，安定朝那人，汉太尉嵩之曾孙也。……耽玩典籍，忘寝与食，时人谓之'书淫'。"传癖：《晋书·杜预传》："杜预，字元凯，京兆杜陵人也。……武帝闻之，谓预曰：'卿有何癖？'对曰：'臣有《左传》癖。'"

②浒(hǔ)：水边。隈(wēi)：山、水等弯曲的地方。

③醅(pēi)：没过滤的酒。

④曲蘖(niè)：酿酒的发酵物。盐梅：即咸盐与酸梅。《尚书·说命下》："若作酒醴，尔惟曲蘖；若作和羹，尔惟盐梅。"后借指国家所需之材。

⑤庾楼：《晋书》载，庾亮乘月登南楼，踞胡床自玩。

⑥羯鼓：《杨妃外传》载，杨贵妃见苑中花未发，命羯鼓催之，桃杏俱放。

休对咎[1]，福对灾。象箸对犀杯。宫花对御柳，峻阁对高台。花蓓蕾，草根荄[2]。剔藓对剜苔。雨前庭蚁闹，霜后阵鸿哀。元亮南窗今日傲[3]，孙弘东阁几时开[4]。平展青茵[5]，野外茸茸软草；高张翠幄[6]，庭前郁郁凉槐。

【注释】

①休、咎：指吉、凶。

②荄(gāi)：草根。

③南窗：陶潜《归去来辞》："倚南窗以寄傲，审容膝之易安。"

④东阁：《汉书·公孙弘传》载，公孙弘为相时，开平津阁以招贤者。

⑤茵：褥，言草软如褥。

⑥幄：帐，言槐垂如帐。

十一　真

邪对正，假对真。獬豸对麒麟[①]。韩卢对苏雁[②]，陆橘对庄椿[③]。韩五鬼[④]，李三人[⑤]。北魏对西秦。蝉鸣哀暮夏，莺啭怨残春。野烧焰腾红烁烁，溪流波皱碧粼粼。行无踪，居无庐，颂成酒德[⑥]；动有时，藏有节，论著钱神[⑦]。

【注释】

①獬豸(xiè zhì)：古代传说中的独角异兽，能辨曲直，见人争斗就用角去顶坏人。

②韩卢：良犬名。《战国策·秦策三》："以秦卒之勇，车骑之多，以当诸侯，譬若驰韩卢而逐蹇兔也。"苏雁：《汉书·苏建传附苏武传》载，苏武在匈奴，修书系雁足，雁飞至汉苑，取之，乃知苏书。

③庄椿：《庄子·逍遥游》："上古有大椿者，以八千岁为春，八千岁为秋。"

④五鬼：韩愈《送穷文》中称命穷、智穷、学穷、文穷、交穷为“五穷鬼”。

⑤三人：李白《月下独酌》诗：“举杯邀明月，对影成三人。”

⑥酒德：晋人刘伶作《酒德颂》，内有“行无踪，居无庐”句。

⑦钱神：晋元康之后贪鄙成风，时人鲁褒著《钱神论》以讽之，内有“动静有时，行藏有节”句。

哀对乐，富对贫。好友对嘉宾。弹冠对结绶[①]，白日对青春[②]。金翡翠，玉麒麟。虎爪对龙鳞。柳塘生细浪，花径起香尘。闲爱登山穿谢屐[③]，醉思漉酒脱陶巾[④]。雪冷霜严，倚槛松筠同傲岁[⑤]；日迟风暖，满园花柳各争春。

【注释】

①弹冠：指将出来作官。《汉书·王吉传》：“吉与贡（禹）为友，世称‘王阳在位，贡公弹冠’。言其取舍同也。”结绶：系结印带，比喻出仕做官。《汉书·萧育传》载，萧育少与朱博善，后彼此荐拔，名著当时。语曰“王贡弹冠，萧朱结绶”。

②白日对青春：唐朝杜甫《闻官军收河南河北》：“白日放歌须纵酒，青春作伴好还乡。”青春，明媚的春天。

③“闲爱”句：《晋书》载，南朝宋谢灵运好游，每携屐登山，辄连日不返。

④“醉思”句：《世说补》载，陶潜自己酿酒，酒熟则取头上葛巾漉之，漉毕复著。漉（lù），过滤。

⑤筠：竹子的青皮，引申为竹子。

香对火，炭对薪。日观对天津[1]。禅心对道眼，野妇对宫嫔。仁无敌，德有邻。万石对千钧[2]。滔滔三峡水，冉冉一溪冰。充国功名当画阁[3]，子张言行贵书绅[4]。笃志诗书，思入圣贤绝域；忘情官爵，羞沾名利纤尘。

【注释】

①日观：山峰名。天津：桥名。

②石(dàn)：容量单位，四钧为一石。

③“充国”句：《汉书》载，宣帝甘露三年，画赵充国、霍光等十人图像于麒麟阁。

④“子张”句：《论语·卫灵公》载，孔子的弟子子张曾将孔子“言忠信，行笃敬”的教诲写在衣带上，以示牢记不忘。绅，衣带。

十二　文

家对国，武对文。四辅对三军[①]。九经对三史[②]，菊馥对兰芬。歌北鄙，咏南薰[③]。迩听对遥闻。召公周太保[④]，李广汉将军[⑤]。闻化蜀民皆草偃[⑥]，争权晋土已瓜分[⑦]。巫峡夜深[⑧]，猿啸苦哀巴地月；衡峰秋早，雁飞高贴楚天云[⑨]。

【注释】

①四辅：古代帝王身边的四个辅佐之臣。《管子·幼官》："以尔壤生物共玄官，请四辅，将以礼上帝。"一说指京城附近的四个州郡。《宋史·徽宗纪》："崇宁四年秋七月辛丑置荧惑坛，置四辅郡，以颍昌府为南辅，襄邑县为东辅，郑州为西辅，澶州为北辅。"三军：周代天子六军，诸侯之大国三军。一军为一万二千五百人。一说三军指军队的通称。

②九经：宋刻巾箱本以《周易》《尚书》《诗经》《周礼》《春秋左氏传》《礼记》《孝经》《论语》《孟子》为九经。三史：魏晋南北朝时以《史记》《汉书》《东观汉记》为三史，唐以后《东观汉记》失传，以《史记》《汉书》《后汉书》为三史。

③北鄙：音乐名。《孔子家语·辨乐解》："殷纣好为北鄙之音，其废也忽然，而亡国之声也。"南薰：指"南风歌"，相传为虞舜所作。其词为："南风之薰兮，可以解吾民之愠兮；南风之时兮，可以阜吾民之财兮。"薰，和煦。时，应时。

④召公：姬姓，名奭，周太保。

⑤李广：西汉名将，多次击退匈奴的侵扰，人称飞将军。

⑥“闻化”句：《蜀志》载，汉景帝时，文翁为蜀郡太守，声教大洽，条教所及，风行草偃。

⑦“争权”句：《备考》载，晋始有六卿：智氏、赵氏、韩氏、范氏、魏氏、中行氏，厥后智、赵、韩、魏共灭范、中行，分其地。未几，赵、韩、魏又共灭智氏，分其地。周安王二十六年，三家共废晋君，分其地，号三晋。

⑧巫猿：《韵府》载，巫峡猿凡鸣至三声，闻者皆泪。

⑨“衡峰”句：《衡岳志》载，衡岳有回雁峰，故雁至衡阳而止。

欹对正，见对闻。偃武对修文①。羊车对鹤驾②，朝旭对晚曛。花有艳，竹成文。马燧对羊欣③。山中梁宰相④，树下汉将军⑤。施帐解围嘉道韫⑥，当垆沽酒叹文君⑦。好景有期，北岭几枝梅似雪；丰年先兆，西郊千顷稼如云。

【注释】

①偃武、修文：《尚书·武成》：“厥四月，哉生明，王来自商，至于丰，乃偃武修文。”后用“偃武修文”表示废止军事，修明文教。

②羊车：《晋书·胡贵嫔传》载，武帝幸宫掖，乘羊车任其所之，宫人乃插竹于宫门，以盐汁洒地引之。鹤驾：《佩文韵府》：“王子晋，周灵王太子也。于缑山乘白鹤仙去，故太子之驾曰鹤驾。”杜甫《洗兵马》诗：“鹤驾通宵凤辇备，鸡鸣问寝龙楼晓。”

③马燧：唐朝宰相。羊欣：字元敬，为新安守。

④山中梁宰相：《南史·陶弘景传》：“陶弘景隐居山中，后屡加礼聘，并不出。……国家每有吉凶征讨大事，(梁武帝)无不前以咨询。月中常有

数信，时人谓为‘山中宰相’。”后用来指不在其位而谋其政的人，或借喻隐居的贤士。

⑤树下汉将军：《后汉书·冯异传》：“每所止舍，诸将并坐论功，异常独屏树下，军中号曰‘大树将军’。”后用“大树将军”代称廉正的将领。

⑥“施帐”句：《晋书·王凝之妻谢氏传》载，王凝之弟献之，与客谈议将屈，嫂(谢)道韫曰：“欲与小郎解围。”乃设帏自蔽，申献之前说，客不能屈。

⑦“当垆”句：《汉书·司马相如列传》：“相如与俱之临邛，尽卖其车骑，买一酒舍酤酒，而令文君当垆。”

尧对舜，夏对殷。蔡惠对刘蕡①。山明对水秀，五典对三坟②。唐李杜③，晋机云④。事父对忠君。雨晴鸠唤妇⑤，霜冷雁呼群。酒量洪深周仆射⑥，诗才俊逸鲍参军⑦。鸟翼长随，凤兮洵众禽长⑧；狐威不假，虎也真百兽尊⑨。

【注释】

①蔡惠：《后汉书·蔡茂列传》：“茂初在广汉，梦坐大殿，极上有三穗禾，茂跳取之，得其中穗，辄复失之。以问主簿郭贺，贺离席庆曰：‘大殿者，官府之形象也。极而有禾，人臣之上禄也。取中穗，是中台之位也。于字禾失为秩，虽曰失之，乃所以得禄秩也。衮职有阙，君其补之。’旬月而茂征焉，乃辟贺为掾。”刘蕡(bēn)：《新唐书·刘蕡传》载：刘蕡对策议宦官，考官不敢取，“于时，被选者二十有三人，所言皆冗龊常务，类得优调。河南府参军事李郃曰：‘蕡逐我留，吾颜其厚邪！’”

②五典：少昊、颛顼、高辛、唐尧、虞舜之书为五典。三坟：指传说中我国最早的典籍。伏羲本山坟作《易》曰《连山》，神农本气坟作《易》曰

《归藏》，黄帝本形坟作《易》曰《坤乾》，共称三坟。

③李杜：唐李白、杜甫以诗齐名。

④机云：晋陆机、陆云兄弟以文齐名。

⑤雨晴鸠唤妇：宋朝陆佃《埤雅》："鸠，阴则屏逐其妇，晴则呼之；语曰：'天欲雨，鸠逐妇；既雨，鸠呼妇。'"

⑥周仆射：《晋书·周颛传》载，周颛饮酒无醒日，及为仆射，以酒失略，罢去，号三日仆射。

⑦鲍参军：鲍照官历参军，诗情俊逸。唐杜甫《春日忆李白》诗："清新庾开府，俊逸鲍参军。"

⑧"鸟翼长随"句：《格物总论》："凤飞则禽鸟随之。"洵：诚然，确实。《春秋孔演图》："羽虫三百六十，而凤为之长。"

⑨"狐威不假"句：《战国策·楚策一》："荆宣王问群臣曰：'吾闻北方之畏昭奚恤也，果诚何如？'群臣莫对。江一对曰：'虎求百兽而食之，得狐。狐曰："子无敢食我也！天帝使我长百兽，今子食我，是逆天帝命也！子以我为不信，吾为子先行，子随我后，观百兽之见我而敢不走乎？"虎以为然，故遂与之行。兽见之皆走。虎不知兽畏己而走也，以为畏狐也。今王之地方五千里，带甲百万，而专属之昭奚恤，故北方之畏昭奚恤也，其实畏王之甲兵也，犹百兽之畏虎也。'"

十三　元

幽对显，寂对喧。柳岸对桃源。莺朋对燕友，早暮对寒暄。鱼跃沼[①]，鹤乘轩[②]。醉胆对吟魂。轻尘生范甑[③]，积雪拥袁门[④]。缕缕轻烟芳草渡，丝丝微雨杏花村。诣阙王通，献《太平》十二策[⑤]；出关老子，著《道德》五千言[⑥]。

【注释】

①鱼跃沼：《诗经·大雅·灵台》："王在灵沼，于牣鱼跃。"牣，满。

②鹤乘轩：《左传·闵公二年》："冬，十二月，狄人伐卫。卫懿公好鹤，鹤有乘轩者。将战，国人受甲者皆曰：'使鹤！鹤实有禄位，余焉能战？'"后用"轩车载鹤"比喻乱颁职位，又用为自谦之词。

③轻尘生范甑：《后汉书·范冉传》："（范冉）所止单陋，有时绝粒，穷居自若，言貌无改。闾里歌之曰：'甑中生尘范史云，釜中生鱼范莱芜。'"

④积雪拥袁门：《后汉书·袁安传》："时大雪，积地丈余。洛阳令自出案行，见人家皆除雪出，有乞食者。至袁安门，无有行路，谓安已死，令人除雪。入户见安僵卧。问：'何以不出？'安曰：'大雪，人皆饿，不宜干人。'"

⑤"诣阙王通"句：《隋书·王通传》载，王通曾献《太平策》十二篇于隋文帝，不为所用。

⑥"出关老子"句：刘向《列仙传》："老子西游，关令尹喜望见有紫气浮关，而老子果乘青牛而过也。"五千言：老子《道德经》的代称。《史记·老子韩非列传》："老子乃著书上下篇，言道德之意五千余言而去，莫知其所终。"

儿对女，子对孙。药圃对花村。高楼对邃阁，赤豹对玄猿。妃子骑[①]，夫人轩[②]。旷野对平原。匏巴能鼓瑟[③]，伯氏善吹埙[④]。馥馥早梅思驿使[⑤]，萋萋芳草怨王孙[⑥]。秋夕月明，苏子黄冈游绝壁[⑦]；春朝花发，石家金谷启芳园[⑧]。

【注释】

①妃子骑：《杨妃传》："妃好啖生荔枝，海南每岁七日七夜飞骑献荔枝至京师。"唐杜牧《过华清宫》诗云："一骑红尘妃子笑，无人知是荔枝来。"

②夫人轩：《左传·闵公二年》："归夫人鱼轩。"鱼轩，用鱼兽皮作为装饰的车子，古时贵族妇女所乘用。

③匏(páo)巴：《荀子·劝学》："昔者瓠巴鼓瑟，而流鱼出听。"匏，笙竽类乐器。

④埙(xūn)：《诗经·小雅·何人斯》："伯氏吹埙。"埙，古代吹奏乐器，多用陶土烧制而成，椭圆形，有六孔。

⑤"馥馥"句：《荆州记》载，南朝宋时陆凯与范晔善，陆凯自江南寄梅一枝与范晔，赠诗曰："折梅逢驿使，寄与陇头人。江南无所有，聊赠一枝春。"

⑥"萋萋"句：《楚辞·招隐士》："王孙游兮不归，春草生兮萋萋。"

⑦"秋夕月明"句：苏轼《前赤壁赋》："壬戌之秋，七月既望，苏子与客泛舟游于赤壁之下。"赤壁，指湖北黄州的赤壁。

⑧"春朝花发"句：《晋书》载，晋石崇有金谷园，春宴客各赋诗，不成，罚酒三斗。

歌对舞，德对恩。犬马对鸡豚。龙池对凤沼[①]，雨骤对云屯[②]。刘向阁[③]，李膺门[④]。唳鹤对啼猿[⑤]。柳摇春白昼，梅弄月黄昏。岁冷松筠皆有节，春暄桃李本无言[⑥]。噪晚齐蝉，岁岁秋来泣恨[⑦]；啼宵蜀鸟，年年春去伤魂[⑧]。

【注释】

①龙池、凤沼：皆禁苑池沼名。

②屯：聚集。

③刘向阁：西汉学者刘向，曾校书于天禄阁。

④李膺门：《后汉书·李膺传》：膺独持风裁，以名声自高，“士有被其容接者，名为登龙门”。

⑤唳：鸣叫。

⑥无言：《史记·李将军列传》：“谚曰：‘桃李不言，下自成蹊。’”比喻实至名归。

⑦“噪晚齐蝉”句：崔豹《古今注·问答释义》：“牛亨问（董仲舒）曰：‘蝉名齐女者何？’答曰：‘齐王后忿而死，尸变为蝉，登庭树，嘒唳而鸣。王悔恨。故世名齐女也。’”

⑧“啼宵蜀鸟”句：相传战国时蜀帝杜宇死后魂魄化为子规（杜鹃），日夜悲啼，所以后人称杜鹃为蜀魂。

十四　寒

多对少，易对难。虎踞对龙蟠[①]。龙舟对凤辇[②]，白鹤对青鸾。风淅淅，露漙漙[③]。绣毂对雕鞍[④]。鱼游荷叶沼，鹭立蓼花滩。有酒阮貂奚用解[⑤]，无鱼冯铗必须弹[⑥]。丁固梦松，柯叶忽然生腹上[⑦]；文郎画竹，枝梢倏尔长毫端[⑧]。

【注释】

①虎踞：形容气势雄伟，如虎之蹲踞。《太平御览·州部二·叙京都下》引晋张勃《吴录》："刘备曾使诸葛亮至京，因睹秣陵山阜，叹曰：'钟山龙盘，石头虎踞，此帝王之宅。'"

②凤辇：后妃所乘之车。

③漙(tuán)漙：形容露水多的样子。《诗经·郑风·野有蔓草》："野有蔓草，零露漙兮。"

④毂(gǔ)：车轮的中心部分，有圆孔，可以插轴。

⑤"有酒"句：《晋书·阮孚传》载，阮孚解金貂换酒。

⑥"无鱼"句：《战国策·齐策四》载，孟尝君客有冯谖者，弹剑歌曰："长铗归来乎，食无鱼。"

⑦"丁固梦松"句：张勃《吴录》："丁固为司徒，初为尚书，梦松树生其腹上，谓人曰：'松字，十八公也。后十八年吾当为公乎？'遂如梦焉。"

⑧"文郎画竹"句：苏轼《文与可画筼筜谷偃竹记》："故画竹，必先得成竹于胸中，执笔熟视，乃见其所欲画者，急起从之。"后用"胸有成竹"比喻做事之前已经有通盘的考虑。也说"成竹在胸"。

寒对暑，湿对干。鲁隐对齐桓[1]。寒毡对暖席[2]，夜饮对晨餐。叔子带[3]，仲由冠[4]。郏鄏对邯郸[5]。嘉禾忧夏旱，衰柳耐秋寒。杨柳绿遮元亮宅，杏花红映仲尼坛[6]。江水流长，环绕似青罗带；海蟾轮满[7]，澄明如白玉盘。

【注释】

①鲁隐：鲁隐公，春秋时鲁国君主。齐桓：齐桓公，春秋时齐国君主。

②寒毡：唐代郑虔为广文馆学士，仅寒毡一席。暖席：唐代韩愈文："孔席不暇暖。"

③叔子带：《晋书·羊祜传》载，羊祜字叔子，任荆州都督，在军常轻裘缓带，身不披甲。

④仲由冠：仲由，即子路。《孔子家语》载，子路初见孔子，冠雄鸡冠。

⑤郏鄏(jiá rǔ)：地名，在河南洛阳，周旧都。邯郸：地名，在河北省，战国时赵国国都。

⑥"杏花"句：隐"杏坛"二字，相传为孔子聚徒讲学处。《庄子·渔父》："孔子游乎缁帷之林，休坐乎杏坛之上。弟子读书，孔子弦歌鼓琴。"

⑦海蟾：此指代月亮。

横对竖，窄对宽。黑志对弹丸[1]。朱帘对画栋，彩槛对雕栏。春既老，夜将阑。百辟对千官[2]。怀仁称足足，抱义美般般[3]。好马君王曾市骨[4]，食猪处士仅思肝[5]。世仰双仙，元礼舟中携郭泰[6]；人称连璧，夏侯车上并潘安[7]。

【注释】

①黑志、弹丸：皆比喻地方的狭小。庚信《哀江南赋》：“地惟黑子，城犹弹丸。”

②百辟：诸侯各君其国，故曰百辟。也泛指百姓。

③足足、般般：《文选》：“般般抱义，足足怀仁。”般般，麒麟叫声。足足，凤凰鸣声。

④“好马”句：《战国策·燕策》载，战国时郭隗用马作比喻，劝说燕昭王招揽人才，说古代君王悬赏千金买千里马，三年后遇到一死马，用五百金买下马骨，于是不到一年，就得到三匹千里马。后用“千金市骨”比喻招揽人才的迫切。

⑤“食猪”句：《后汉书·闵仲叔传》：“（闵仲叔）老病家贫，不能得肉，日买猪肝一片，屠者或不肯与，安邑令闻，敕吏常给焉。仲叔怪而问之，知，乃叹曰：‘闵仲叔岂以口腹累安邑邪？’遂去，客沛。以寿终。”

⑥“世仰双仙”句：《后汉书·郭太列传》：“郭太字林宗，太原界休人也。……林宗唯与李膺同舟而济，众宾望之，以为神仙焉。”

⑦“人称连璧”句：连璧，并列的两块玉，比喻相关而美好的两人或两事物。《晋书·夏侯湛传》：“美客观，与潘岳友善，每行止，同舆接茵，京都谓之连璧。”

十五 删

兴对废，附对攀[①]。露草对霜菅[②]。歌廉对借寇[③]，习孔对希颜[④]。山垒垒，水潺潺。奉璧对探环[⑤]。礼由公旦作[⑥]，诗本仲尼删[⑦]。驴困客方经灞水[⑧]，鸡鸣人已出函关[⑨]。几夜霜飞，已有苍鸿辞北塞；数朝雾暗，岂无玄豹隐南山[⑩]。

【注释】

①附：依附。

②菅(jiān)：苎麻。

③歌廉：《后汉书·廉范传》："百姓为便，乃歌之曰：'廉叔度，来何暮？不禁火，民安作。平生无襦今五绔。'在蜀数年，坐法免归乡里。范世在边，广田地，积财粟，悉以赈宗族朋友。"借寇：《后汉书·寇恂传》："即日车驾南征，恂从至颍川，盗贼悉降，而竟不拜郡。百姓遮道曰：'愿从陛下复借寇君一年。'"

④习孔：学习孔子的儒学。希颜：仰慕颜回的品行。

⑤探环：《晋书·羊祜传》："祜年五岁，时令乳母取所弄金环。乳母曰：'汝先无此物。'祜即诣邻人李氏东垣桑树中探得之。主人惊曰：'此吾亡儿所失物也，云何持去！'乳母具言之，李氏悲惋。时人异之，谓李氏子则祜之前身也。"

⑥礼由公旦作：周公旦制礼作乐。

⑦诗本仲尼删：《史记·孔子世家》云，古者诗本三千余篇，孔子删为三

百零五篇。

⑧“驴困”句：参见第 19 页“浩然驴”注。

⑨“鸡鸣”句：《史记·孟尝君列传》：“秦昭王后悔出孟尝君，求之已去，即使人驰传逐之。孟尝君至关，关法鸡鸣而出客，孟尝君恐追至，客之居下坐者有能为鸡鸣，而鸡齐鸣，遂发传出。”

⑩“数朝雾暗”句：《列女传·贤明传》：“荅子治陶三年，名誉不兴，家富三倍。其妻数谏不用。妇曰：‘夫子能薄而官大，是谓婴害。无功而家昌，是谓积殃。……妾闻南山有玄豹，雾雨七日而不下食者，何也？欲以泽其毛而成文章也。故藏而远害。犬彘不择食以肥其身，坐而须死耳。今夫子治陶，家富国贫，君不敬，民不戴，败亡之征见矣。愿与少子俱脱。’”

犹对尚[1]，侈对悭。雾髻对烟鬟[2]。莺啼对鹊噪，独鹤对双鹇[3]。黄牛峡[4]，金马山[5]。结草对衔环[6]。昆山惟玉集[7]，合浦有珠还[8]。阮籍旧能为眼白，老莱新爱着衣斑[9]。栖迟避世人，草衣木食[10]；窈窕倾城女，云鬟花颜。

【注释】

①犹、尚：均为还、尚且之意。

②髻、鬟：指妇女梳的发型。

③鹇(xián)：即白鹇鸟，产于我国南部各省，是有名的观赏鸟。

④黄牛峡：在湖北省宜昌市，又名黄牛山。其山重岩迭起，高崖间有色如人负刀牵牛，人黑牛黄。

⑤金马山：在四川成都府崇宁县，上有金马碧鸡神祠。

⑥结草：用草打成草结。《左传·宣公十五年》：“初，魏武子有嬖妾，无

子。武子疾，命颗曰：‘必嫁是。’疾病，则曰：‘必以为殉！’及卒，颗嫁之，曰：‘疾病则乱，吾从其治也。’及辅氏之役，颗见老人结草以亢杜回。杜回踬而颠，故获之。夜梦之曰：‘余，而所嫁妇人之父也。尔用先人之治命，余是以报。’”衔环：《续齐谐记》：“（杨）宝年九岁时，至华阴山北，见一黄雀为鸱鸮所搏，坠于树下，为蝼蚁所困。宝取之以归，置巾箱中，唯食黄花，百余日，毛羽成，乃飞去。其夜，有黄衣童子向宝再拜曰：‘我西王母使者，君仁爱救拯，实感成济。’以白环四枚与宝：‘令君子孙洁白，位登三事，当如此环矣。’”后用“结草衔环”表示感恩图报。

⑦昆山：昆仑山，古代产玉之地。

⑧合浦：《后汉书·孟尝传》：孟尝“迁合浦太守。郡不产谷实，而海出珠宝，与交阯比境，常通商贩，贸籴粮食。先时宰守并多贪秽，诡人采求，不知纪极，珠遂渐徙于交阯郡界。于是行旅不至，人物无资，贫者死饿于道。尝到官，革易前敝，求民病利。曾未逾岁，去珠复还，百姓皆反其业，商货流通，称为神明。”

⑨“老莱”句：《二十四孝》载，周代老莱子事亲至孝，年近七十，仍着五色衣戏舞以娱亲。

⑩草衣木食：《晋书·孝友传》：“庾贤绝尘避地，超然远迹，固穷安陋，木食山栖。”草衣，深秋之后草色之服。木食，绝五谷，专以果实为食。

姚对宋[①]，柳对颜[②]。赏善对惩奸。愁中对梦里，巧慧对痴顽。孔北海[③]，谢东山[④]。使越对征蛮。淫声闻濮上[⑤]，离曲听阳关[⑥]。骁将袍披仁贵白[⑦]，小儿衣着老莱斑。茅舍无人，难却尘埃生榻上；竹亭有客，尚留风月在窗间。

【注释】

①姚、宋：指唐玄宗时的名相姚崇、宋璟。

②柳、颜：指唐代书法家柳公权、颜真卿。柳体清瘦遒劲，颜体雄浑挺拔，人称“颜筋柳骨”。

③孔北海：即孔融，字文举，汉献帝时为北海相。

④谢东山：即谢安，晋朝宰相，号东山。

⑤濮上：《列国传》载，卫灵公与师涓过濮上，夜闻新声。及适晋，晋平公命奏，师旷曰：“昔纣亡，沉乐器于濮水，今日之乐，是必为濮上之音，乃纣亡国之音也。”

⑥阳关：唐王维《渭城曲》诗：“劝君更尽一杯酒，西出阳关无故人。”后人用此谱有《阳关三叠》曲。

⑦“骁将”句：唐太宗时薛仁贵征讨辽东，常服白袍，号“白袍将军”。

卷 二

一 先

晴对雨，地对天。天地对山川。山川对草木，赤壁对青田[1]。郏鄏鼎，武城弦[2]。木笔对苔钱[3]。金城三月柳[4]，玉井九秋莲[5]。何处春朝风景好，谁家秋夜月华圆。珠缀花梢，千点蔷薇香露；练横树杪，几丝杨柳残烟。

【注释】

①赤壁：山名，三国孙权与刘备联军大破曹操军队处。青田：地名，位于浙江。

②武城弦：孔子弟子子游为武城宰，曾以弦歌教化民众。

③木笔：即辛夷花。《群芳谱》："辛夷曰木笔花。"苔钱：圆形的苔点，因形似钱，故称苔钱。李贺《巫山高》诗："楚魂寻梦风飔然，晓风吹雨生苔钱。"

④金城：古关中郡名，千里皆植柳。
⑤玉井：韩愈《古意》诗："太华峰头玉井莲，花开十丈藕如船。"

前对后，后对先。众丑对孤妍。莺簧对蝶板[1]，虎穴对龙渊。击石磬[2]，观韦编[3]。鼠目对鸢肩[4]。春园花柳地，秋沼芰荷天。白羽频挥闲客坐[5]，乌纱半坠醉翁眠[6]。野店几家，羊角风摇沽酒旆[7]；长川一带，鸭头波泛卖鱼船[8]。

【注释】

①莺簧：谓黄莺鸣啭如笙簧。蝶板：谓蝴蝶两翅舞动如拍板。
②击石磬：孔子曾击磬于卫。
③观韦编：孔子晚年喜读《周易》，由于翻阅过多，以至于连缀竹简的皮带断了好几次，后世遂称为"韦编三绝"。
④鼠目：《新唐书·李揆列传》："初，苗晋卿数荐元载，揆轻载地寒，谓晋卿曰：'龙章凤姿士不见用，獐头鼠目子乃求官邪？'"鸢肩：《新唐书·马周传》："周善敷奏，机辩明锐，动中事会，裁处周密，时誉归之。帝每曰：'我暂不见周即思之。'岑文本谓所亲曰：'马君论事，会文切理，无一言可损益，听之缅缅，令人忘倦。苏、张、终、贾正应此耳。然鸢肩火色，腾上必速，恐不能久。'"
⑤白羽：指诸葛亮。《三国志·诸葛亮传》载，武侯诸葛亮常摇白羽扇。
⑥"乌纱"句：《晋书·阮籍传》载，阮籍常醉眠邻妇侧，乌纱帽半坠。
⑦羊角：旋风名。卢照邻《释疾文·命曰》："化而为鸟也，则陪羊角而负青天。"
⑧鸭头：形容绿色水波。

离对坎，震对乾[①]。一日对千年。尧天对舜日，蜀水对秦川。苏武节，郑虔毡。涧壑对林泉。挥戈能退日[②]，持管莫窥天[③]。寒食芳辰花烂熳，中秋佳节月婵娟。梦里荣华，飘忽枕中之客[④]；壶中日月，安闲市上之仙[⑤]。

【注释】

①离、坎、震、乾：《易经》八卦中的四种卦名。

②挥戈能退日：《韵府》载，鲁阳公与韩战，忽日暮，阳公挥戈止之，日退三舍。

③持管莫窥天：《庄子·秋水》："是直用管窥天，用锥指地也，不亦小乎？"

④"梦里荣华"句：唐人沈即济的传奇小说《枕中记》叙卢生宿邯郸旅店中，遇见道士吕翁，道士借给卢生一个枕头让他枕着睡觉。此时，店家正在煮黄粱，卢生在梦中娶妻生子，享尽荣华。一觉醒来，小米饭还没有熟。后用来比喻好事落空。

⑤"壶中日月"句：《后汉书·方术传下·徐登》："市中有老翁卖药，悬一壶于肆头，及市罢，辄跳入壶中。市人莫之见，唯长房于楼上睹之，异焉，因往再拜奉酒脯。翁知长房之意其神也，谓之曰：'子明日可更来。'长房旦日复诣翁，翁乃与俱入壶中。惟见玉堂严丽，旨酒甘肴，盈衍其中，共饮毕而出。翁约不听与人言之。后乃就楼上候长房曰：'我神仙之人，以过见责，今事毕当去，子宁能相随乎？楼下有少酒，与卿为别。'长房使人取之，不能胜，又令十人扛之，犹不举。翁闻，笑而下楼，以一指提之而上。视器如一升许，而二人饮之终日不尽。"后以"壶中"喻仙境。

二　萧

恭对慢[①]，吝对骄。水远对山遥。松轩对竹槛，雪赋对风谣[②]。乘五马[③]，贯双雕。烛灭对香消。明蟾常彻夜，骤雨不终朝。楼阁天凉风飒飒，关河地隔雨潇潇。几点鹭鸶，日暮常飞红蓼岸；一双鸂鶒[④]，春朝频泛绿杨桥。

【注释】

①恭：谦恭。慢：傲慢。

②雪赋：南朝宋谢庄著《雪赋》。风谣：源自《诗经》的《国风》，意指反映风土民情的歌谣。

③五马：汉代太守乘坐的五匹马驾的车，因借指太守的车驾。亦借指太守。双雕：《北史·长孙晟传》："尝有二雕，飞而争肉，因以箭两只与晟，请射之。晟持往，遇雕相玃，遂一发双贯焉。"后用"一箭双雕"比喻武艺高强，或做事一举两得。

④㶉鶒(xī chì)：古书上指一种像鸳鸯的水鸟，色多紫，俗称紫鸳鸯。杜甫《曲江陪郑八丈南史饮》诗："雀啄江头黄柳花，鵁鶄㶉鶒满晴沙。"

开对落，暗对昭[①]。赵瑟对虞韶[②]。轺车对驿骑[③]，锦绣对琼瑶。羞攘臂[④]，懒折腰[⑤]。范甑对颜瓢。寒天鸳帐酒[⑥]，夜月凤台箫[⑦]。舞女腰肢杨柳软，佳人颜貌海棠娇。豪客寻春，南陌草青香阵阵；闲人避暑，东堂蕉绿影摇摇。

【注释】

①昭：明亮、显著。

②赵瑟：《史记·廉颇蔺相如列传》载，秦赵会于渑池，秦王曰："……闻赵王好音，请奏瑟。"赵王鼓瑟。蔺相如曰："……闻秦王善为秦声，请奏盆缶。"秦王不许，相如迫之，乃亲击缶。韶：传说为舜所作乐曲名。《尚书·益稷》："《箫韶》九成，凤凰来仪。"《论语·述而》："子在齐闻《韶》，三月不知肉味。"

③轺(yáo)车：古代一种轻便的车。驿骑：传递文书的马。

④攘臂：激愤时捋起袖子，伸出胳膊。《老子·三十八章》："上礼为之而莫之应，则攘臂而扔之。"

⑤折腰：《晋书·陶潜传》："吾不能为五斗米折腰，拳拳事乡里小人邪。"唐李白《梦游天姥吟留别》："安能摧眉折腰事权贵，使我不得开心颜。"

⑥寒天鸳帐酒：《事文类聚》载，陶穀得党太尉姬，取雪水烹茶与姬饮，问党家有此乐否？姬曰："彼武人，安有此乐！但知销金帐中饮羊羔酒耳。"

⑦凤台箫：参见P28"萧史凤"注。

班对马[①]，董对晁[②]。夏昼对春宵。雷声对电影[③]，麦穗对禾苗。八千路[④]，廿四桥[⑤]。总角对垂髫[⑥]。露桃匀嫩脸，风柳舞纤腰。贾谊赋成伤鹏鸟[⑦]，周公诗就托鸱鸮[⑧]。幽寺寻僧，逸兴岂知俄尔尽[⑨]；长亭送客，离魂不觉黯然消。

【注释】

①班、马：即班固、司马迁。

②董、晁：即董仲舒、晁错，均博通经籍。

③电影：王无竞《巫山》诗："电影江前落，雷声峡外长。"电，闪电。

④八千路：唐人有诗云："八千里路透神京。"

⑤廿四桥：扬州有二十四桥。杜牧《寄扬州韩绰判官》诗："二十四桥明月夜，玉人何处教吹箫。"

⑥总角、垂髫：皆指男女未成年时。

⑦"贾谊"句：《史记·屈原贾生列传》："贾生为长沙王太傅，三年，有鸮飞入贾生舍，止于坐隅。楚人命鸮曰服。贾生既已谪居长沙，长沙卑湿，自以为寿不得长，伤悼之，乃为赋以自广。"鹏，即猫头鹰，长沙俗谓不祥之鸟。

⑧鸱鸮(chī xiāo)：周初管蔡流言周公有异心，周公作《鸱鸮》之诗以悟王。

⑨俄尔：不久，一会儿。

三　肴

风对雅[①]，象对爻[②]。巨蟒对长蛟。天文对地理，蟋蟀对螵蛸[③]。龙夭矫[④]，虎咆哮。北学对东胶[⑤]。筑台须垒土，成屋必诛茅。潘岳不忘秋兴赋[⑥]，边韶常被昼眠嘲[⑦]。抚养群黎，已见国家隆治；滋生万物，方知天地泰交。

【注释】

①风：指《诗经》中的国风。雅：指《诗经》中的大雅、小雅。

②象：即《周易》中的象卦。爻：即组成八卦的横画。

③螵蛸(piāo xiāo)：指螳螂的卵块，干燥后可入药。

④夭矫：屈曲环绕。高诱《淮南鸿烈解·修务》："龙夭矫，燕枝拘。"也作"夭蟜"。

⑤北学：南北朝时的经学有南、北之分。东胶：周代大学，在国中王官之东。《礼记·王制》："周人养国老于东胶。"

⑥"潘岳"句：西晋文学家潘岳少有才，美姿容，举秀才。其文辞藻艳丽，长于抒情，以哀诔文字著称，著《秋兴赋》。

⑦"边韶"句：边孝先喜昼眠，弟子嘲之。韶曰："边为姓，孝先字，腹便便，五经笥，只要眠，思经义。"

蛇对虺[1]，蜃对蛟[2]。麟薮对鹊巢[3]。风声对月色，麦穗对桑苞。何妥难[4]，子云嘲[5]。楚甸对商郊。五音惟耳听，万虑在心包。葛被汤征因仇饷[6]，楚遭齐伐责包茅[7]。高矣若天，洵是圣人大道[8]；淡而如水，实为君子神交[9]。

【注释】

①虺(huǐ)：古书上说的一种毒蛇。

②蜃(shèn)：传说中一种能吐气成海市蜃楼的贝类动物。

③麟薮(sǒu)：《汉武帝纪》："周成康时麒麟在郊薮。"薮，水少草木多的湖泽，水草地。鹊巢：《诗经·召南·鹊巢》："维鹊有巢，维鸠居之。"

④何妥难：《后周书》载，元善为祭酒，讲春秋，"私谓何妥曰：'名望已定，幸无相苦。'妥然之。及就席，妥引滞义以难，多不能对，由是有隙。"

⑤子云嘲：《汉书·扬雄传》："或嘲雄以玄尚白，而雄解之，号曰《解嘲》。"

⑥"葛被"句：《尚书·仲虺之诰》载，葛伯仇饷，汤往征之。仇饷，夺去饷赠的食物又杀了人。

⑦"楚遭"句：《左传·僖公四年》："尔贡包茅不入，王祭不共，无以缩酒，寡人是征。"包茅，指楚国向周王进贡的礼物。

⑧"高矣若天"句：《孟子·尽心上》："公孙丑曰：'道则高矣，美矣，宜若登天然。'"

⑨"淡而如水"句：《庄子·山木》："君子之交淡如水，小人之交甘若醴。"

牛对马，犬对猫。旨酒对嘉肴[1]。桃红对柳绿，竹叶对松梢。藜杖叟，布衣樵[2]。北野对东郊。白驹形皎皎[3]，黄鸟语交交[4]。花圃春残无客到，柴门夜永有僧敲[5]。墙畔佳人，飘扬竞把秋千舞；楼前公子，笑语争将蹴踘抛[6]。

【注释】

①旨：滋味美。

②樵：樵夫，砍柴的人。

③白驹形皎皎：《诗经·小雅·白驹》："皎皎白驹，食我场苗。"

④黄鸟语交交：《诗经·秦风·黄鸟》："交交黄鸟，止于棘。"

⑤"柴门"句：唐朝贾岛初赴举京师，一日，于马上得句云："鸟宿池边树，僧敲月下门。"初欲作"推"字，练之未定，不觉冲尹。时吏部韩愈权京尹，左右拥至前。岛具告所以，韩立马良久，曰：作"敲"字佳矣。

⑥蹴踘：踢球。踘，古代的一种球，里面用毛，外面用皮革缝制而成。

四 豪

琴对瑟，剑对刀。地迥对天高。峨冠对博带[①]，紫绶对绯袍[②]。煎异茗[③]，酌香醪[④]。虎兕对猿猱[⑤]。武夫工骑射，野妇务蚕缫。秋雨一川淇澳竹[⑥]，春风两岸武陵桃。螺髻青浓，楼外晚山千仞[⑦]；鸭头绿腻[⑧]，溪中春水半篙。

【注释】

①峨冠：高冠。博带：宽大的衣带。

②绯：红色。

③茗：原指茶叶，后泛指喝的茶。

④醪(láo)：醇酒。

⑤兕(sì)：雌犀牛。猱(náo)：猴。

⑥淇澳：指淇河。《诗经·卫风·淇奥》："瞻彼淇奥，菉竹猗猗。""奥"通"澳(yù)"，水边弯曲的地方。

⑦仞：古时七尺或八尺为一仞。

⑧腻：浓。

刑对赏，贬对褒。破斧对征袍。梧桐对橘柚，枳棘对蓬蒿。雷焕剑[①]，吕虔刀[②]。橄榄对葡萄。一椽书舍小[③]，百尺酒楼高。李白能诗时秉笔，刘伶爱酒每铺糟[④]。礼别尊卑，拱北众星常灿灿[⑤]；势分高下，朝东万水自滔滔[⑥]。

【注释】

①雷焕剑：《晋书·张华传》："雷焕掘丰城吴狱得二剑，一与张华，一自佩。华诛，剑遂失，焕卒，子华佩父剑过延平津，忽于腰间跃出堕水。入水求之，见两龙在水。"

②吕虔刀：三国魏吕虔以王祥有三公之量，解佩刀相赠，后果为三公。

③椽(chuán)：放在屋檩上架着屋面板和瓦的木条。

④"刘伶"句：刘伶嗜酒，如酒尽，则并糟铺之。铺(bù)，吃。

⑤拱北众星：《论语·为政》："为政以德，譬如北辰，居其所，而众星共之。""共"通"拱"。

⑥朝东万水：明代刘伯温有诗曰："有水必趋东，无星不拱北。"

瓜对果，李对桃。犬子对羊羔。春分对夏至，谷水对山涛。双凤翼[①]，九牛毛[②]。主逸对臣劳。水流无限阔，山耸有余高。雨打村童新牧笠，尘生边将旧征袍。俊士居官，荣引鹓鸿之序[③]；忠臣报国，誓殚犬马之劳。

【注释】

①双凤翼：李商隐《无题》诗："身无彩凤双飞翼，心有灵犀一点通。"

②九牛毛：喻数量大。《晋书·华谭传》载，或问谭曰："谚言：人之相去如九牛毛，宁有此理乎？"

③鹓(yuān)鸿之序：鹓，即鹓雏，古书上指像凤凰一类的鸟。鹓鸿群飞有序，如朝臣之排列整齐。

五　歌

山对水，海对河。雪竹对烟萝。新欢对旧恨，痛饮对高歌。琴再抚，剑重磨。媚柳对枯荷。荷盘从雨洗，柳线任风搓。饮酒岂知欹醉帽[1]，观棋不觉烂樵柯[2]。山寺清幽，直踞千寻云岭；江楼宏敞，遥临万顷烟波。

【注释】

①欹醉帽：参见 P53“乌纱”句注。

②烂樵柯：《述异传》载，晋樵者王质入山采樵，见二童子对弈，置斧于地而观之。童子曰：“尔斧柯烂矣。”质归乡里，已及百岁，无复时人。

繁对简，少对多。里咏对途歌[1]。宦情对旅况，银鹿对铜驼[2]。刺史鸭[3]，将军鹅[4]。玉律对金科。古堤垂亸柳[5]，曲沼长新荷。命驾吕因思叔夜[6]，引车蔺为避廉颇[7]。千尺水帘，今古无人能手卷；一轮月镜，乾坤何匠用功磨。

【注释】

①里：里弄，胡同。

②铜驼：旧时用来形容亡国后的残破景象。《晋书·索靖传》："靖有先识远量，知天下将乱，指洛阳宫门铜驼叹曰：'会见汝在荆棘中耳！'"

③刺史鸭：唐代韦应物为刺史，畜鸭，号鸭为绿头公子。

④将军鹅：《晋书·王羲之传》载，王羲之官右军将军，性好鹅，山阴道士赠以鹅，求写《道德经》。

⑤亸(duǒ)：下垂。

⑥"命驾"句：《晋书·嵇康传》载，吕安因与嵇康(字叔夜)友善，每一相思，千里命驾。后以"千里命驾"为访友典故。

⑦"引车"句：《列国传》载，蔺相如以完璧归赵位列上卿，廉颇怀忌，宣言必欲辱之。相如每出，引车避颇，家人以为耻。相如曰："此先国家之急而后私仇也。"颇闻之，负荆造门请罪。

霜对露，浪对波。径菊对池荷。酒阑对歌罢，日暖对风和。梁父咏[1]，楚狂歌[2]。放鹤对观鹅。史才推永叔[3]，刀笔仰萧何[4]。种橘犹嫌千树少[5]，寄梅谁言一枝多。林下风生，黄发村童推牧笠；江头日出，皓眉溪叟晒渔蓑。

【注释】

①梁父：山名，泰山下的一座小山。诸葛亮居隆中，尝作《梁父吟》。

②楚狂歌：《论语·微子》："楚狂接舆歌而过孔子，曰：'凤兮，凤兮！何德之衰？往者不可谏，来者犹可追。已而，已而！今之从政者殆而！'"

③史才推永叔：欧阳修，字永叔，"唐宋八大家"之一，曾与宋祁合修《新唐书》，自撰《新五代史》。

④刀笔仰萧何：萧何，汉高祖刘邦的大臣，曾制定《汉律》七章。刀笔，古代在竹简上记事，用刀刮去错字，后泛指有关公文案卷的事。

⑤种橘：三国时吴国丹阳太守李衡种橘千棵。

六　麻

松对柏，缕对麻。蚁阵对蜂衙[①]。赪鳞对白鹭[②]，冻雀对昏鸦。白堕酒[③]，碧沉茶[④]。品笛对吹笳。秋凉梧堕叶，春暖杏开花。雨长苔痕侵壁砌，月移梅影上窗纱。飒飒秋风，度城头之筚篥[⑤]；迟迟晚照，动江上之琵琶。

【注释】

①蜂衙：众蜂簇拥蜂王，如朝拜屏卫，称蜂衙。宋陆游《青羊宫小饮赠道士》诗："微雨晴时看鹤舞，小窗幽处听蜂衙。"

②赪(chēng)：红色。

③白堕：酒名，北魏河东人刘白堕善酿酒，故名。后世泛指美酒。

④碧沉：茶名。

⑤筚篥(bì lì)：古代管乐器，用竹作管，用芦苇作嘴，汉代从西域传入。

优对劣，凸对凹。翠竹对黄花。松杉对杞梓，菽麦对桑麻。山不断，水无涯。煮酒对烹茶。鱼游池面水，鹭立岸头沙。百亩风翻陶令秫①，一畦雨熟邵平瓜②。闲捧竹根③，饮李白一壶之酒；偶擎桐叶④，啜卢仝七碗之茶⑤。

【注释】

①陶令秫(shú)：秫，即高粱。陶潜为彭泽令，种秫百亩。

②邵平瓜：《汉书·萧何曹参传》："召平者，故秦东陵侯。秦破，为布衣，贫，种瓜长安城东。瓜美，故世谓'东陵瓜'，从召平始也。"后用"东陵瓜"借以表示对隐逸生活的羡慕。"召"同"邵"。

③竹根：酒杯名。

④桐叶：茶盏名。

⑤"啜卢仝"句：卢仝，中唐诗人，博学工诗，善品茶。卢仝诗《走笔谢孟谏议寄新茶》："七碗吃不得也，唯觉两腋习习清风生。"啜，喝。

吴对楚，蜀对巴。落日对流霞。酒钱对诗债①，柏叶对松花。驰驿骑，泛仙槎②。碧玉对丹砂。设桥偏送笋③，开道竟还瓜④。楚国大夫沉汨水⑤，洛阳才子谪长沙⑥。书箧琴囊，乃士流活计；药炉茶鼎，实闲客生涯。

【注释】

①酒钱：刘延之予陶潜二万钱，陶全还酒家。诗债：北宋苏轼诗云："口

业不停诗有债。”

②仙槎(chá):古代传说中往来天上的木筏。《博物志·杂说》:“旧说云天河与海通,近世有人居海滨者,见年年八月有浮槎去来不失期。”

③设桥偏送笋:范元授见人盗笋,苦于过沟,乃伐树为桥与盗过。盗惭,将笋送还。

④开道竟还瓜:晋桑虞见人盗瓜,以园篱多刺,乃开一道。盗感之,还瓜叩头请罪。

⑤“楚国”句:楚大夫屈原以忠见疑于楚怀王,乃抱恨自沉汨罗江。

⑥“洛阳”句:参见P57“贾谊”句注。

七　阳

高对下，短对长。柳影对花香。词人对赋客，五帝对三王[①]。深院落，小池塘。晚眺对晨妆。绛霄唐帝殿[②]，绿野晋公堂[③]。寒集谢庄衣上雪[④]，秋添潘岳鬓边霜[⑤]。人浴兰汤[⑥]，事不忘于端午；客斟菊酒[⑦]，兴常记于重阳。

【注释】

①五帝：通常指黄帝、颛顼、帝喾、唐尧、虞舜。三王：夏禹、商汤、周武王。

②绛霄：唐玄宗有绛霄殿。

③绿野：唐朝裴度封晋公，建第号绿野堂。

④“寒集”句：《晋书》载，谢庄朝回，衣为雪所点，时人玩之，以为风韵。

⑤“秋添”句：潘岳，晋时人，鬓发如白雪。

⑥兰汤：芳香的热水。《楚辞·九歌·云中君》：“浴兰汤兮沐芳，华采衣兮若英。”

⑦菊酒：《荆楚岁时记》：“九月九日，四民并籍野饮宴。按：杜公瞻云，九月九日宴会，未知起于何代。然自汉至宋未改。今北人亦重此节，佩茱萸，食饵，饮菊花酒，云令人长寿。”

尧对舜，禹对汤。晋宋对隋唐。奇花对异卉，夏日对秋霜。八叉手[①]，九回肠[②]。地久对天长。一堤杨柳绿，三径菊花黄[③]。闻鼓塞兵方战斗，听钟宫女正梳妆[4]。春饮方归，纱帽半淹邻舍酒；早朝初退，衮衣微惹御炉香[5]。

【注释】

①八叉手：唐代诗人温庭筠少敏悟，工诗赋，每入试，八叉手而八韵成，人称"温八叉"。

②九回肠：西汉司马迁《报任少卿书》："是以肠一日而九回。"形容忧思之甚。

③三径：晋陶潜《归去来辞》："三径就荒，松菊犹存。"三径指家园或隐士居所。

④听钟：《南齐书·武穆裴皇后传》："宫内深隐，不闻端门鼓漏声，置钟于景阳楼上，宫人闻钟声，早起装饰。"

⑤衮衣：古代帝王的礼服。唐代贾至《早朝大明宫》诗："剑佩身随玉墀步，衣冠犹惹御炉香。"

荀对孟，老对庄。亸柳对垂杨。仙宫对梵宇[1]，小阁对长廊。风月窟，水云乡。蟋蟀对螳螂。暖烟香霭霭，寒烛影煌煌[2]。伍子欲酬渔父剑[3]，韩生尝窃贾公香[4]。三月韶光，常忆花明柳媚；一年好景，难忘橘绿橙黄[5]。

【注释】

①梵宇：泛指寺庙。

②煌煌：明亮。

③"伍子"句：《列国传》载，楚伍子胥至江，胥急欲渡，有渔父以舟渡之，

胥解剑酬渔父。父曰:“楚法得子胥,赐粟五万斛,爵执圭,岂但百金之剑耶。”

④“韩生”句:《世说新语·惑溺》:“韩寿美姿容,贾充辟以为掾。充每聚会,贾女于青琐中看,见寿,说之,恒怀存想,发于吟咏。后婢往寿家,具述如此,并言女光丽。寿闻之心动,遂请婢潜修音问。及期往宿。寿蹻捷绝人,逾墙而入,家中莫知。自是充觉女盛自拂拭,说畅有异于常。后会诸吏,闻寿有奇香之气,是外国所贡,一着人则历月不歇。充计武帝唯赐己及陈骞,余家无此香,疑寿与女通,而垣墙重密,门阁急峻,何由得尔?乃托言有盗,令人修墙。使反,曰:‘其余无异,唯东北角如有人迹,而墙高非人所逾。’充乃取女左右婢考问。即以状对。充秘之,以女妻寿。”

⑤“一年好景”句:北宋苏轼《赠刘景文》:“一年好景君须记,最是橙黄橘绿时。”

八　庚

深对浅，重对轻。有影对无声。蜂腰对蝶翅，宿醉对余酲[①]。天北缺[②]，日东生。独卧对同行。寒冰三尺厚，秋月十分明。万卷书容闲客览，一樽酒待故人倾。心侈唐玄，厌看霓裳之曲[③]；意骄陈主，饱闻玉树之赓[④]。

【注释】

①酲(chéng)：喝醉了神志不清。

②天北缺：《列子·汤问》："然则天地亦物也，物有不足，故昔者女娲氏炼五色石以补其阙，断鳌之足以立四极。"

③霓裳之曲：《开元天宝遗事》："明皇尝游月宫，见霓裳羽衣之曲，归而选宫娥数十人习之。"该曲本传自西凉，河西节度使杨敬述献给唐玄宗，玄宗加以润色，更名为《霓裳羽衣曲》。

④玉树：《隋书》载，南朝陈后主陈叔宝作《玉树后庭花》曲，后人以为亡国之音。赓：继续，连续。

虚对实，送对迎。后甲对先庚[①]。鼓琴对舍瑟，搏虎对骑鲸[②]。金匼匝[③]，玉玎琤[④]。玉宇对金茎[⑤]。花间双粉蝶，柳内几黄莺。贫里每甘藜藿味[⑥]，醉中厌听管弦声。肠断秋闺，凉吹已侵重被冷；梦惊晓枕，残蟾犹照半窗明。

【注释】

①后甲：《周易·蛊》："先甲三日，后甲三日。终则有始，天行也。"甲为天干中首位，后甲是甲日后的第三天，是吉日。先庚：《周易·巽》："先庚三日，后庚三日。吉。"先庚三日是指天干庚前的第三日，也是吉日。

②骑鲸：杜甫《送孔巢父谢病》："若逢李白骑鲸鱼，道甫问讯今何如？"李白自署为"海上骑鲸客"。

③匼(kē)匝：马笼头。

④玜琤(cōng chēng)：形容玉器相击声。

⑤玉宇：《异闻录》："翟乾佑与人玩月，或问月中何所有？佑曰：'随我手中看之。'俄见月规半圆，琼楼玉宇烂然。"金茎：铜柱，汉武帝时在宫内竖立高达数丈的铜柱，上有铜仙人手掌托住玉盘以承接天上的玉露。汉班固《西都赋》："抗仙掌以承露，擢双立之金茎。"

⑥藜藿：野菜。

渔对猎，钓对耕。玉振对金声[①]。雉城对雁塞[②]，柳袅对葵倾。吹玉笛，弄银笙。阮杖对桓筝[③]。墨呼松处士[④]，纸号楮先生[⑤]。露浥好花潘岳县[⑥]，风搓细柳亚夫营[⑦]。抚动琴弦，遽觉座中风雨至[⑧]；哦成诗句，应知窗外鬼神惊[⑨]。

【注释】

①玉振、金声：《孟子·万章下》："孔子之谓集大成。集大成也者，金声而玉振之也。"后以喻声名广布。

②雉：量词，计算城墙面积的单位，长三丈高一丈为一雉。《左传·隐

公元年》："都城过百雉，国之害也。"雁塞：即今雁山也，鸿雁多宿于其地，故名。

③阮杖：《晋书·阮修传》载，阮修常步行，以百钱挂杖头，至酒店，便独酣畅。桓筝：《晋书·桓伊传》："奴既吹笛，伊便抚筝而歌。"

④松处士：古代的墨大多以松烟制成，故称墨为松处士。

⑤楮先生：《毛颖传》："与会稽楮先生友善。"谓纸也。

⑥潘岳：晋潘岳为河阳令，命满县栽花。

⑦亚夫营：《史记·绛侯周勃世家》载，汉大将军周亚夫军驻细柳，军纪严明，即使皇帝来到军营，也得严格遵守。后以"细柳营"作为军纪严明的代称。

⑧"抚动琴弦"句：晋师旷抚清角之琴，风雨忽至。

⑨"哦成诗句"句：贺知章见李白《乌栖曲》，叹曰："此诗可泣鬼神矣。"杜甫《寄李十二白》诗："笔落惊风雨，诗成泣鬼神。"

九　青

红对紫，白对青。渔火对禅灯。唐诗对汉史，释典对仙经。龟曳尾[1]，鹤梳翎[2]。月榭对风亭。一轮秋夜月，几点晓天星。晋士只知山简醉[3]，楚人谁识屈原醒[4]。绣倦佳人，慵把鸳鸯文作枕；吮毫画者，思将孔雀写为屏[5]。

【注释】

①龟曳尾：《庄子·秋水》："此龟者，宁其死为留骨而贵乎，宁其生而曳尾于涂中乎？"

②鹤梳翎：北宋苏轼诗："风松时落叶，病鹤不梳翎。"翎，羽毛。

③山简醉：晋人山简嗜酒，人号醉山翁。

④屈原醒：《楚辞·渔父》："屈原曰：'举世皆浊我独清，众人皆醉我独醒，是以见放。'"

⑤雀屏：《旧唐书·后妃上》："武帝深纳之。毅闻之，谓长公主曰：'此

女才貌如此，不可妄以许人，当为求贤夫。'乃于门屏画二孔雀，诸公子有求婚者，辄与两箭射之，潜约中目者许之。前后数十辈莫能中，高祖后至，两发各中一目。"

行对坐，醉对醒。佩紫对纡青。棋枰对笔架，雨雪对雷霆。狂蛱蝶，小蜻蜓。水岸对沙汀。天台孙绰赋①，剑阁孟阳铭②。传信子卿千里雁，照书车胤一囊萤③。冉冉白云，夜半高遮千里月；澄澄碧水，宵中寒映一天星。

【注释】

①天台孙绰赋：东晋孙绰撰有《游天台山赋》。天台山在今浙江。

②剑阁孟阳铭：晋代张载，字孟阳，过剑阁作《剑阁铭》。剑阁，在今四川剑阁县剑门关上。

③车胤囊：《晋书·车胤传》："胤恭勤不倦，博学多通。家贫，不常得油。夏月，则练囊盛数十萤火以照书，以夜继日焉。"后用"囊萤照读"比喻苦学。

书对史，传对经①。鹦鹉对鹡鸰②。黄茅对白荻，绿草对青萍。风绕铎③，雨淋铃④。水阁对山亭。渚莲千朵白，岸柳两行青。汉代宫中生秀柞⑤，尧时阶畔长祥蓂⑥。一枰决胜，棋子分黑白；半幅通灵，画色间丹青。

【注释】

①传(zhuàn):解释经文的著作。

②鹡鸰(jí líng):鸟名。《诗经·小雅·常棣》:“鹡鸰在原,兄弟急难。”

③风绕铎(duó):《唐书》载,嵎阳宫于竹林内悬碎玉,名占风铎,相触为声。

④雨淋铃:《开元天宝遗事》载,明皇幸蜀,霖雨弥旬,栈道中闻铃声,悼念杨贵妃而作《雨淋铃》曲。

⑤“汉代”句:汉宫中有五柞连内,五柞连抱。柞,一种常绿灌木。

⑥“尧时”句:传说尧阶生蓂荚,每月朔日生一叶,至十五日全生。望后每日落一叶,三十日全落。

十　蒸

新对旧，降对升。白犬对苍鹰[1]。葛巾对藜杖，涧水对池冰。张兔网，挂鱼罾[2]。燕雀对鹏鹍。炉中煎药火，窗下读书灯。织锦逐梭成舞凤[3]，画屏误笔作飞蝇[4]。宴客刘公，座上满斟三雅爵[5]；迎仙汉帝，宫中高插九光灯[6]。

【注释】

①苍：青色。

②罾(zēng)：一种方形鱼网。

③舞凤：《邺中记》："锦蜀有凤凰锦。"

④"画屏"句：《吴录》："曹弗兴画屏风，误落墨点，因作小蝇。孙权以为真蝇，弹之。"

⑤"宴客刘公"句：《古事苑》："刘表有爵曰三雅。大者伯雅，次者仲雅，

小者季雅,随量饮之。”爵,酒器。

⑥“迎仙汉帝”句:《汉武帝内传》载,汉武帝迎王母于宫中,燃九灯之光。

儒对士,佛对僧。面友对心朋。春残对夏老,夜寝对晨兴。千里马,九霄鹏。霞蔚对云蒸。寒堆阴岭雪,春泮水池冰。亚父愤生撞玉斗①,周公誓死作金縢②。将军元晖,莫怪人讥为饿虎;侍中卢昶,难逃世号作饥鹰③。

【注释】

①“亚父”句:《史记·项羽本纪》载,鸿门宴上刘邦见势不妙,借故退走,留赠玉斗于范增,范增怒击碎其斗。亚父,即项羽的军师范增。

②金縢(téng):周武王病,周公欲以身代死。史录其祝册之文,与事之始末合为一篇,以藏于金縢之柜,后成王启之。

③饿虎、饥鹰:北魏将军元晖、侍中卢昶皆贪纵,人曰“将军饿虎,侍中饥鹰”。

规对矩①,墨对绳②。独步对同登。吟哦对讽咏,访友对寻僧。风绕屋,水襄陵③。紫鹄对苍鹰。鸟寒惊夜月,鱼暖上春冰④。扬子口中飞白凤⑤,何郎鼻上集青蝇⑥。巨鲤跃池,翻几重之密藻;颠猿饮涧,挂百尺之垂藤。

【注释】

①规:画圆形的工具。矩:画直角的曲尺。

②墨、绳:均指木工用的线。

③水襄陵：大水奔腾漫上丘陵。《尚书·尧典》："汤汤洪水方割，荡荡怀山襄陵，浩浩滔天。"

④鱼暖上春冰：谓正月早春时令。《礼记·月令》："孟春之月，东风解冻，蛰虫始振，鱼上冰。"

⑤飞白凤：即吐凤。喻擅长著作。《汉书》载，扬雄献《甘泉赋》，梦口中吐白凤。

⑥集青蝇：《三国志·方技传》："（何晏）又问：'连梦见青蝇数十头，来在鼻上，驱之不肯去，有何意故？'辂曰：'夫飞鸮，天下贱鸟，……今君侯位重山岳，势若雷电，而怀德者鲜，畏威者众，殆非小心翼翼多福之仁。又鼻者艮，此天中之山，高而不危，所以长守贵也。今青蝇臭恶，而集之焉。位峻者颠，轻豪者亡，不可不思害盈之数，盛衰之期。'"

十一　尤

荣对辱，喜对忧。夜宴对春游。燕关对楚水，蜀犬对吴牛[①]。茶敌睡，酒消愁。青眼对白头。马迁修《史记》，孔子作《春秋》。适兴子猷常泛棹[②]，思归王粲强登楼[③]。窗下佳人，妆罢重将金插鬓；筵前舞妓，曲终还要锦缠头[④]。

【注释】

①蜀犬：柳宗元《答韦中立论师道书》："屈子赋曰：'邑犬群吠，吠所怪也。'仆往闻庸、蜀之南，恒雨少日，日出则犬吠。"后用"蜀犬吠日"比喻少见多怪。吴牛：据说江浙一带的水牛怕热，一见到月亮就以为是太阳而发喘。后用"吴牛喘月"比喻因疑心而害怕。《世说新语·言语》："臣犹吴牛，见月而喘。"

②"适兴"句：《晋书·王羲之传》附《王徽之传》："（王子猷）尝居山阴，夜雪初霁，月色清朗，四望皓然，独酌酒咏左思《招隐诗》，忽忆戴逵（字安道）。逵时在剡，便夜乘小船诣之，经宿方至，造门不前而反。人问其故，徽之曰：'本乘兴而行，兴尽而反，何必见安道邪！'"

③"思归"句：王粲，字仲宣，东汉人，"建安七子"之一。汉末避乱到荆州，依附刘表，不被重用。其《登楼赋》即作于此时，表达了诗人强烈的思归之情。

④锦缠头：杜甫《即事》诗："笑时花近眼，舞罢锦缠头。"古代歌舞艺人表演时，以锦缠头，演毕，客以罗锦为赠，称缠头。

唇对齿，角对头。策马对骑牛[①]。毫尖对笔底，绮阁对雕楼。杨柳岸，荻芦洲。语燕对啼鸠。客乘金络马[②]，人泛木兰舟[③]。绿野耕夫春举耜，碧池渔父晚垂钩。波浪千层，喜见蛟龙得水；云霄万里，惊看雕鹗横秋。

【注释】

①策：赶马。

②金络马：以金络饰马首。

③木兰舟：《述异记》载，鲁班刻木兰树为舟。后作为船的美称。

庵对寺，殿对楼。酒艇对渔舟。金龙对彩凤，豮豕对童牛[①]。王郎帽[②]，苏子裘[③]。四季对三秋。峰峦扶地秀，江汉接天流。一湾绿水渔村小，万里青山佛寺幽。龙马呈河，羲皇阐微而画卦[④]；神龟出洛，禹王取法以陈畴[⑤]。

【注释】

①豮(fén)：雄性的牲畜。童牛：未长角之牛。

②王郎帽：《晋书·王濛传》："(王濛)美姿容，尝览镜自照，称其父字曰：'王文开生如此儿邪！'居贫，帽败，自入市买之，妪悦其貌，遗以新帽，时人以为达。"

③苏子裘：《战国策·秦策》载，苏秦说秦王不行，旷日持久，黑貂之裘敝。

④"龙马呈河"句：伏羲受龙马图于河，因画八卦。

⑤"神龟出洛"句：大禹治水，天赐禹出于洛水的龟书，夏禹法之，演《九畴》。

十二 侵

眉对目，口对心。锦瑟对瑶琴。晓耕对寒钓，晚笛对秋砧。松郁郁，竹森森。闵损对曾参[①]。秦王亲击缶，虞帝自挥琴。三献卞和尝泣玉[②]，四知杨震固辞金[③]。寂寂秋朝，庭叶因霜摧嫩色；沉沉春夜，砌花随月转清阴。

【注释】

①闵损、曾参：均孔子弟子。

②“三献”句：《韩非子·和氏》：“楚人和氏得玉璞楚山中，奉而献之厉王。厉王使玉人相之。玉人曰：‘石也。’王以和为诳，而刖其左足。及厉王薨，武王即位。和又奉其璞而献之武王。武王使玉人相之。又曰：‘石也。’王又以和为诳，而刖其右足。武王薨，文王即位。和乃抱其璞而哭于楚山之下，三日三夜，泪尽而继之以血。王闻之，使人问其故，曰：‘天下之刖者多矣，子奚哭之悲也？’和曰：‘吾非悲刖

也，悲夫宝玉而题之以石，贞士而名之以诳，此吾所以悲也。’王乃使玉人理其璞而得宝焉，遂命曰：‘和氏之璧’。”

③“四知”句：《后汉书·杨震传》：“当之郡，道经昌邑，故所举荆州茂才王密为昌邑令，谒见，至夜怀金十斤以遗震。震曰：‘故人知君，君不知故人，何也？’密曰：‘暮夜无知者。’震曰：‘天知，神知，我知，子知。何谓无知！’密愧而出。”

前对后，古对今。野兽对山禽。犍牛对牝马[1]，水浅对山深。曾点瑟[2]，戴逵琴[3]。璞玉对浑金[4]。艳红花弄色，浓绿柳敷阴。不雨汤王方剪爪[5]，有风楚子正披襟[6]。书生惜壮岁韶华，寸阴尺璧；游子爱良宵光景，一刻千金[7]。

【注释】

①犍牛：阉过的公牛。牝马：母马。

②曾点瑟：《论语·先进》：“鼓瑟希，铿尔，（曾点）舍瑟而作，对曰：‘异乎三子者之撰。’子曰：‘何伤乎？亦各言其志也。’曰：‘莫春者，春服既成，冠者五六人，童子六七人，浴乎沂，风乎舞雩，咏而归。’”

③戴逵琴:《晋书·隐逸传》:"戴逵,字安道,谯国人。少博学,善属文,能鼓琴。武陵王晞使人召之,逵对使者破琴,曰:'戴安道不为王门伶人。'"

④璞玉、浑金:《晋书·山涛列传》:"戎有人伦鉴识,尝目山涛如璞玉浑金,人皆钦其宝,莫知名其器载。"

⑤剪爪:汤时大旱,汤王剪下指甲和头发,发祷于桑林,以六事自责,乃雨。

⑥披襟:楚襄王游于兰台之宫,有风飒然至者,王披襟当之。

⑦一刻千金:北宋苏轼《春宵》诗:"春宵一刻值千金,花有清香月有阴。"

丝对竹,剑对琴。素志对丹心。千愁对一醉,虎啸对龙吟。子罕玉[1],不疑金[2]。往古对来今。天寒邹吹律[3],岁旱傅为霖[4]。渠说子规为帝魄[5],侬知孔雀是家禽[6]。屈子沉江,处处舟中争系粽[7];牛郎渡渚,家家台上竞穿针[8]。

【注释】

①子罕玉:《左传·襄公十五年》:"宋人或得玉,献诸子罕。子罕弗受。献玉者曰:'以示玉人,玉人以为宝也,故敢献之。'子罕曰:'我以不贪为宝,尔以玉为宝。若以与我,皆丧宝也,不若人有其宝。'"

②不疑金:《汉书·直不疑传》:"直不疑,南阳人也。为郎,事文帝。其同舍有告归,误持其同舍郎金去。已而同舍郎觉,亡意不疑,不疑谢有之,买金偿。后告归者至而归金,亡金郎大惭,以此称为长者。"

③邹吹律:《韵略》:"燕有寒谷,黍稷不生。邹衍吹律,暖气乃至,草木皆生。"

④傅为霖:《尚书·说命上》:"命之曰:'朝夕纳诲,以辅台德。若金,用汝作砺;若济巨川,用汝作舟楫;若岁大旱,用汝作霖雨。'"

⑤渠:他。

⑥家禽：《佩文韵府》载，杨德祖年九岁，孔君平诣其家，设果有杨梅。孔指之曰："此君家果也。"应声答曰："未闻孔雀是夫子家禽。"

⑦"屈子沉江"句：《荆楚岁时记》载，屈原以夏至日赴湘流，百姓竞以食祭之。常苦为蛟龙所窃，以五色丝合楝叶缚之，又以为獬廌食。"獬廌"也作"獬豸"。

⑧"牛郎渡渚"句：《荆楚岁时记》："七月七日，为牵牛、织女聚会之夜。是夕，人家妇女结彩缕，穿七孔针，或以金银鍮石为针，陈瓜果于庭中以乞巧。有喜子网于瓜上，则以为符应。"

十三　覃

千对百，两对三。地北对天南。佛堂对仙洞，道院对禅庵。山泼黛，水浮蓝。雪岭对云潭。凤飞方翙翙[①]，虎视已眈眈[②]。窗下书生时讽咏，筵前酒客日耽酣。白草满郊，秋日牧征人之马；绿桑盈亩，春时供农妇之蚕。

【注释】

①翙(huì)翙：鸟羽飞动之声。《诗经·大雅·卷阿》："凤凰于飞，翙翙其羽。"

②眈眈：贪婪而凶狠地注视。《周易·颐》："颠颐吉，虎视眈眈，其欲逐逐，无咎。"

将对欲，可对堪。德被对恩覃[①]。权衡对尺度[②]，雪寺对云庵。安邑枣[③]，洞庭柑[④]。不愧对无惭。魏徵能直谏[⑤]，王衍善清谈[⑥]。紫梨摘去从山北[⑦]，丹荔传来自海南。攘鸡非君子所为[⑧]，但当月一；养狙是山公之智，止用朝三[⑨]。

【注释】

①覃：深广。

②权衡：称量物体重量的器具。权，秤锤。衡，秤杆。

③安邑枣:《史记·货殖列传》:“安邑千树枣,燕秦千树栗。”安邑,在山西省。

④洞庭柑:《广志》:“洞庭以南多产柑。”洞庭,在湖南省。

⑤直谏:《新唐书·魏徵传》载,魏徵事太宗能直谏。

⑥清谈:《晋书·王衍传》:“(王衍)妙善玄言,唯谈《老》《庄》为事。每捉玉柄麈尾,与手同色。义理有所不安,随即改更,世号‘口中雌黄’。”

⑦紫梨:《洞真记》载,涂山有梨大如瓜,紫色,千年一花。

⑧攘鸡:《孟子·滕文公下》:“今有人日攘其邻之鸡者,或告之曰:‘是非君子之道。’曰:‘请损之,月攘一鸡,以待来年而后已。’”后用“月攘一鸡”比喻不想及时改正错误。

⑨养狙:《庄子·齐物论》:“狙公赋芧,曰:‘朝三而暮四。’众狙皆怒。曰:‘然则朝四而暮三?’众狙皆悦。”后用“朝三暮四”比喻人反复无常。

中对外,北对南。贝母对宜男①。移山对浚井②,谏苦对言甘。千取百③,二为三④。魏尚对周堪⑤。海门翻夕浪,山市拥晴岚。新缔直投公子纻⑥,旧交犹脱馆人骖⑦。文达淹通,已咏冰兮寒过水⑧;永和博雅,可知青者胜于蓝⑨。

【注释】

①贝母:中药名。宜男:即萱草。

②浚井:《孟子·万章上》:“使浚井,出,从而揜之。”浚,淘。“揜”同“掩”,埋,掩盖。

③千取百:《孟子·梁惠王上》:“千乘之国,弑其君者,必百乘之家。万取千焉,千取百焉,不为不多矣。”

④二为三:《庄子·齐物论》:“一与言为二,二与一为三,自此以往巧历不能得,而况其凡乎。”

⑤魏尚:汉朝兴平人,拜云中守。周堪:字少卿,曾于石渠阁讲书经。

⑥“新缔”句:《左传·襄公二十九年》:“(吴公子季札)见子产,如旧相识,与之缟带,子产献纻衣焉。”

⑦“旧交”句:《孔子家语》载,孔子之卫,遇旧馆人之丧,使子贡脱骖而赙之。骖乃拉车外套之马。

⑧“文达淹通”句:《旧唐书·儒学传上》:“盖文达,冀州信都人也。博涉经史,尤明《三传》。性方雅,美须貌,有士君子之风。刺史窦抗尝广集儒生,令相问难,其大儒刘焯、刘轨思、孔颖达咸在坐,文达亦参焉。既论难,皆出诸儒意表,抗大奇之,问曰:‘盖生就谁受学?’刘焯对曰:‘此生岐嶷,出自天然。以多问寡,焯为师首。’抗曰:‘可谓冰生于水而寒于水也。’”

⑨“永和博雅”句:《北史》载,李谧初师孔璠,后璠就谧请业。语曰:“青出于蓝而胜蓝,师何常,在明经。”

十四　盐

悲对乐，爱对嫌。玉兔对银蟾[①]。醉侯对诗史[②]，眼底对眉尖。风习习，雨绵绵。李苦对瓜甜。画堂施锦帐，酒市舞青帘[③]。横槊赋诗传孟德[④]，引壶酌酒尚陶潜[⑤]。两曜迭明，日东生而月西出；五行式序，水下润而火上炎[⑥]。

【注释】

①玉兔、银蟾：均指月亮。

②醉侯：晋刘伶嗜酒，著有《酒德颂》。唐人有“若使刘伶为酒帝，也须封我醉乡侯”诗句。诗史：唐元稹称杜甫诗善陈时事，法律精严，号为“诗史”。

③帘：即酒旗，酒店的招子，以布缀竿，悬于门首，用以招徕酒客。

④“横槊”句：《三国志》载，曹操破赤壁，横槊赋诗。曹操，字孟德。槊，长矛。

⑤“引壶”句：陶潜《归去来兮辞》：“引壶觞以自酌。”

⑥五行：金、木、水、火、土。下润：《尚书·洪范》：“水曰润下，火曰炎上。”

如对似，减对添。绣幕对朱帘。探珠对献玉，鹭立对鱼潜。玉屑饭[①]，水晶盐[②]。手剑对腰镰。燕巢依邃阁，蛛网挂虚檐。夺槊至三唐敬德[③]，弈棋第一晋王恬[④]。南浦客归[⑤]，湛湛春波千顷净；西楼人悄，弯弯夜月一钩纤。

【注释】

①玉屑饭：《古事苑》载，唐郑仁本游嵩山，见一人，谓曰："月乃七宝合成者，其缺处有三万人修之，吾数中一人也。"因示以斧凿，既而取玉屑饭与之食，曰："此可延年。"

②水晶盐：《佩文韵府》载，崔浩尝论事，帝大悦，赐御缥醪酒、水晶盐，曰：味卿言如此盐酒。

③夺槊：《旧唐书·尉迟敬德传》："太宗问曰：'夺槊、避槊，何者难易？'对曰：'夺槊难。'乃命敬德夺元吉槊。元吉执槊跃马，志在刺之，敬德俄顷三夺其槊。"

④弈棋：《晋书·王导传附王恬传》："(王恬)晚节更好士，多技艺，善弈棋，为中兴第一。"

⑤浦：水边。

逢对遇，仰对瞻。市井对闾阎[1]。投簪对结绶，捉发对掀髯[2]。张绣幕，卷珠帘。石碏对江淹[3]。宵征方肃肃[4]，夜饮已厌厌[5]。心褊小人长戚戚[6]，礼多君子屡谦谦[7]。美刺殊文，备三百五篇诗咏[8]；吉凶异画，变六十四卦爻占。

【注释】

①闾阎：老百姓居住的地区，借指民间。

②捉发：《史记·鲁周公世家》："周公戒伯禽曰：'我文王之子，武王之弟，成王之叔父，我于天下亦不贱矣，然我一沐三捉发，一饭三吐哺，

起以待士，犹恐失天下之贤人。子之鲁，慎无以国骄人。’”

③石碏(què)：春秋时卫国大夫。江淹：字文通，南朝文学家，曾梦笔生花。

④宵征方肃肃：《诗经·召南·小星》：“肃肃宵征，夙夜在公。”

⑤夜饮已厌厌：《诗经·小雅·湛露》：“厌厌夜饮，不醉无归。”

⑥戚戚：忧惧的样子。《论语·述而》：“子曰：‘君子坦荡荡，小人常戚戚。’”

⑦谦谦：谦逊。

⑧美、刺：分别为赞美、讽刺之意。

十五 咸

清对浊，苦对咸。一启对三缄[①]。烟蓑对雨笠，月榜对风帆。莺睍睆[②]，燕呢喃。柳杞对松杉。情深悲素扇[③]，泪痛湿青衫[④]。汉室既能分四姓[⑤]，周朝何用叛三监[⑥]。破的而探牛心，豪矜王济[⑦]；竖竿以挂犊鼻，贫笑阮咸[⑧]。

【注释】

①三缄：《说苑·敬慎》："孔子之周，观于太庙，右陛之前有金人焉，三缄其口，而铭其背曰：'古之慎言人也，戒之哉！无多言，多言多败。'"

②睍睆(xiàn huàn)：形容声音清和圆转。《诗经·邶风·凯风》："睍睆黄鸟，载好其音。"

③素扇：汉成帝班婕妤《怨歌行》诗："常恐秋节至，凉飙夺炎热。弃捐箧笥中，恩情中断绝。"

④青衫：白居易为江州司马，作《琵琶行》诗云："座中泣下谁最多？江州司马青衫湿。"

⑤四姓：东汉外戚樊、郭、阴、马四姓。《后汉书·明帝纪》："是岁，大有年。为四姓小侯开立学校，置《五经》师。"

⑥三监：周武王使三叔即他的三个弟弟管叔、蔡叔、霍叔监于纣子武庚之国，三叔反助武庚以叛周。《毛诗正义·邶鄘卫谱》孔颖达疏："《古文尚书·蔡仲之命》曰：'惟周公位冢宰，正百工。群叔流言，乃致辟管叔于商，囚蔡叔于郭邻，降霍叔于庶人，三年不齿。'则

以管、蔡、霍三叔为三监明矣。”

⑦破的:《晋书·王济传》:“王恺以帝舅奢豪,有牛名‘八百里驳’,常莹其蹄角。济请以钱千万与牛对射而赌之。恺亦自恃其能,令济先射。一发破的,因据胡床,叱左右速探牛心来,须臾而至,一割便去。”

⑧竖竿:《晋书·阮咸传》载,阮咸字仲容,居道南,诸阮居道北,北阮皆富。“七月七日北阮盛晒衣服,皆锦绮灿目。咸以竿挂大布犊鼻裈于庭。人或怪之。答曰:‘未能免俗,聊复尔耳。’”

能对否,圣对贤。卫瓘对浑瑊[①]。雀罗对鱼网,翠巘对苍崖[②]。红罗帐,白布衫。笔格对书函。蕊香蜂竞采,泥软燕争衔。凶孽誓清闻祖逖[③],王家能乂有巫咸[④]。溪叟新居,渔舍清幽临水岸;山僧久隐,梵宫寂寞倚云岩。

【注释】

①卫瓘(guàn):字伯玉,晋尚书令,善草书。浑瑊(jiān):唐人,年十一善骑射,官至尚书同平章事。

②巘(yǎn):小山。

③誓清:《晋书·祖逖传》:“帝乃以逖为奋威将军、豫州刺史,给千人廪,布三千匹,不给铠仗,使自招募。仍将本流徙部曲百余家渡江,中流击楫而誓曰:‘祖逖不能清中原而复济者,有如大江!’”

④巫咸:传说中的神巫。《姓氏谱》:“咸山,西夏县人,学术之士,为商大戊相。”

冠对带，帽对衫。议鲠对言谗[1]。行舟对御马，俗弊对民岩[2]。鼠且硕[3]，兔多毚[4]。史册对书缄。塞城闻奏角，江浦认归帆。河水一源形弥弥[5]，泰山万仞势岩岩[6]。郑为武公，赋《缁衣》而美德[7]；周因巷伯，歌贝锦以伤谗[8]。

【注释】

①议鲠(gěng)：古有骨鲠之臣，言不从众也。鲠，鱼骨卡在喉咙里。

②岩：不守规矩。《尚书·召诰》："王不敢后，用顾畏于民岩。"

③硕鼠：《诗经·魏风·硕鼠》："硕鼠硕鼠，无食我黍。"硕，大。

④兔毚：大兔。《诗经·小雅·巧言》："跃跃毚兔，遇犬获之。"

⑤弥弥：水深且满。《诗经·邶风·新台》："新台有泚，河水弥弥。"

⑥岩岩：山高峻的样子。《诗经·鲁颂·闷宫》："泰山岩岩，鲁邦所詹。"

⑦"郑为武公"句：《诗旧说》载，郑桓公、武公相继为周司徒，善于其职，周人爱之，作《缁衣》以美其德。

⑧"周因巷伯"句：巷伯，名孟子，寺人。周幽王时有被谗遭宫刑者，乃作贝锦之诗以伤之。后用"贝锦"比喻罗织罪名、毁谤诬陷别人的谗言。《诗经·小雅·巷伯》："萋兮斐兮，成是贝锦。彼谮人者，亦已大甚。"

弟子规

[清]李毓秀 著

一 总叙

《弟子规》，圣人训：首孝弟，次谨信，
泛爱众，而亲仁。有余力，则学文①。

【注释】

①《论语·学而》："弟子入则孝，出则弟，谨而信，泛爱众，而亲仁。行有余力，则以学文。"弟：同"悌"。文：文献，典籍。

【译文】

《弟子规》这本书是圣人对学生的训导。首要的是孝顺父母，尊敬兄长，其次对自己要严谨，对别人要诚实守信，要博爱他人，亲近有德行的人。如果做好了这些事还有余力的话，就要去学习文献典籍。

二　入则孝，出则弟

父母呼，应勿缓；父母命，行勿懒[1]。

【注释】

①《礼记·玉藻》："父母呼，唯而不诺，手执业则投之，食在口则吐之，走而不趋。"

【译文】

父母呼唤的时候，要立刻答应，不要拖拉。父母有事情交代的时候，应当马上去执行，不要偷懒拖延。

父母教，须敬听；父母责，须顺承[1]。

【注释】

①顺承：顺从地接受。承，承受，接受。

【译文】

父母的教诲，要恭敬地聆听。父母的责备，要顺从地接受。

冬则温，夏则清；晨则省，昏则定[1]。

【注释】

①《礼记·曲礼》："凡为人子之礼，冬温而夏清，昏定而晨省。"方氏悫注："冬则温之以御其寒，夏则清之以避其暑，昏则定之以奠其居，晨则省之以问其安也。"相传东汉安陆人黄香，字文强，九岁丧母，对父亲孝敬备至，冬天为父亲暖被窝，夏天为父亲搧枕席，被元朝郭居敬列为二十四孝之一。清(qìng)，凉。

【译文】

照料父母就要做到冬天的时候使他们感到温暖，夏天的时候使他们感到凉爽。早上起床后要向父母请安，晚上睡觉前要先照料父母安眠。

出必告，反必面；居有常，业无变[①]。

【注释】

①《礼记·曲礼》："夫为人子者，出必告，反必面，所游必有常，所习必有业。"吕氏大临注："出必告，反必面，受命于亲而不敢专也。所游必有常，所习必有业，体亲之爱而不敢贻其忧也。"反：同"返"。

【译文】

每次外出的时候都要告诉父母，每次回来的时候首先要面见父母。平时的生活起居要正常有规律，从事的职业不要随意改变。

事虽小，勿擅为[①]；苟擅为，子道亏。

【注释】

①陈寿《三国志·蜀书·先主传》："勿以恶小而为之，勿以善小而不为。"

【译文】

不要因为是小事就不禀告父母而擅自做主，这样做有损于为人子女的本分。

物虽小，勿私藏；苟私藏，亲心伤[①]。

【注释】

①《礼记·曲礼》："父母存，不许友以死，不有私财。"又《礼记·坊记》："父母在，不敢有其身，不敢私其财，示民有上下也。"

【译文】

不要因为东西小而私自隐藏，如果私藏，品德就有缺失，父母知道了一定很伤心。

亲所好[1]，力为具[2]；亲所恶[3]，谨为去。

【注释】

①好(hào)：喜好，爱好。

②具：具备，准备。

③恶(wù)：厌恶。

【译文】

父母所喜好的东西，要竭尽全力地去备有；父母所厌恶的事物，要小心谨慎地去除。

身有伤[1]，贻亲忧[2]；德有伤，贻亲羞。

【注释】

①身有伤：《孝经·开宗明义》：“身体发肤，受之父母，不敢毁伤，孝之始也。”

②贻：遗留。

【译文】

如果我们的身体受到伤害，就会使父母为我们担忧；如果品德上有所缺失，就会使父母蒙受耻辱。

亲爱我，孝何难；亲憎我，孝方贤。

【译文】

父母疼爱我的时候，我孝顺父母并不是一件难事。父母不爱我的时候，我还能照样地孝顺父母，这才是真正的孝顺。

亲有过，谏使更；怡吾色，柔吾声[①]。

【注释】

①《礼记·内则》："父母有过，下气怡色，柔声以谏。"又《论语·为政》："子夏问孝。子曰：'色难。'"

【译文】

父母有过错的时候，应当小心地劝导他们改过向善。规劝的时候要和颜悦色，语气柔缓。

谏不入，悦复谏[①]；号泣随[②]，挞无怨[③]。

【注释】

①《礼记·内则》："谏若不入，起敬起孝，说则复谏。""说"同"悦"。

②《礼记·曲礼》："子之事亲也，三谏而不听，则号泣而随之。"

③《论语·里仁》："子曰：'事父母几谏。见志不从，又敬不违，劳而不怨。'"挞：用鞭子、棍子等打人。

【译文】

如果父母不听规劝，则要等到父母心情好转时再反复规劝，甚至哭泣恳求，即使因此而遭到父母的鞭打，也无怨无悔。

亲有疾，药先尝[①]；昼夜侍，不离床。

【注释】

①《礼记·曲礼》："君有疾饮药，臣先尝之；亲有疾饮药，子先尝之。医不三世，不服其药。"

【译文】

当父母生病的时候，父母所吃的药子女要先尝。照料父母时，要日夜守候在父母的身边，不要随意离开。

丧三年，常悲咽；居处辨，酒肉绝。

【译文】

父母去世，要居丧三年。在居丧期间要常常追思、感怀父母的养育之恩。对于居住之地要有所选择，要戒绝酒肉。

丧尽礼，祭尽诚；事死者，如事生①。

【注释】

①《论语·八佾》："祭如在，祭神如神在。"又《论语·为政》："生，事之以礼；死，葬之以礼，祭之以礼。"

【译文】

举行丧礼，要合乎礼法。祭奠父母时要诚心诚意，对待去世的父母要如同生前一样恭敬。

兄道①友，弟道恭；兄弟睦，孝在中。

【注释】

①道：技艺，方法。

【译文】

做兄长的要爱护弟弟，做弟弟的要尊敬兄长。兄弟间和睦相处，孝道自然就在其中了。

财物轻，怨何生；言语忍，忿自泯①。

【注释】

①泯(mǐn):消失,丧失。

【译文】

对待财物不斤斤计较,兄弟间的怨恨就无从生起。言语处处忍让、包容,忿恨就自然消失了。

或饮食,或坐走;长者先,幼者后。

【译文】

在吃饭用餐、就坐行走的时候,都应当谦虚礼让,年老者优先,年幼者在后面。

长呼人,即代叫;人不在,己先到。

【译文】

长辈有事呼唤人,要马上代为传唤;若被叫的人不在,自己要先去长辈那里看看有什么事。

称尊长,勿呼名;对尊长,勿见[1]能。

【注释】

①见(xiàn):通"现",表现,表露。

【译文】

称呼尊长,不可以直呼其名。在尊长面前,要谦逊有礼,不要逞能。

路遇长,疾趋揖;长无言,退恭立[1]。

【注释】

①《礼记·曲礼》:"见父之执,不谓之进不敢进,不谓之退不敢退,不问

不敢对，此孝子之行也。”又《礼记·曲礼》：“从于先生，不越路而与人言。遭先生于道，趋而进，正立拱手。先生与之言则对，不与之言则趋而退。”

【译文】

路上遇见长辈，应当马上跑上前去作揖问好。长辈没有什么事时，则恭敬地退立一旁，等待长辈离去。

骑下马，乘下车；过犹[①]待，百步余。

【注释】

①犹：还。

【译文】

不论是骑马还是乘车，在路上遇见长辈都应下马或下车问候。等到长者离去约百步之后，自己才可以上马或乘车离开。

长者立，幼勿坐；长者坐，命乃坐。

【译文】

与长辈同处时，如果长辈站着，晚辈不可以就座。长者落座后，如果招呼晚辈坐下，晚辈才可以坐下。

尊长前，声要低；低不闻，却非宜[①]。

【注释】

①宜：适宜，适当。

【译文】

在尊长面前说话要把声音放低，但是声音低得让人听不清楚也是不合适的。

进必趋，退必迟；问起对，视勿移①。

【注释】

①《礼记·曲礼》："毋侧听，毋嗷应，毋淫视，毋怠荒。"视：目光，视线。

【译文】

面见尊长的时候，要快步向前；告退时，动作要缓慢。尊长问话时，要站起来回答，眼睛不要左顾右盼。

事诸父，如事父；事诸兄，如事兄①。

【注释】

①《孟子·梁惠王上》："老吾老以及人之老，幼吾幼以及人之幼，天下可运于掌。"事：侍奉。诸父：伯父、叔父等。

【译文】

侍奉伯伯、叔叔等长辈，要如同侍奉自己的父亲一样孝顺恭敬。对待同族的兄长，要像对待自己的兄长一样友爱尊重。

三　谨而信

朝起早，夜眠迟；老易至，惜此时[1]。

【注释】

①陶渊明《杂诗》："盛年不重来，一日难再晨。及时当勉励，岁月不待人。"

【译文】

清晨要早起，晚上要迟睡。时光飞逝，不经意间人们就从少年步入老年，所以要珍惜每时每刻。

晨必盥[1]，兼漱口；便溺回，辄净手[2]。

【注释】

①盥(guàn)：洗手、洗脸。

②辄：总是，就。

【译文】

早上起床后，要洗脸刷牙。每次大小便后，都要把手洗干净。

冠必正，纽[1]必结；袜与履，俱紧切。

【注释】

①纽：扣襻。

【译文】

帽子要戴端正，衣服要用扣襻结好，袜子要穿平整，鞋带要系紧。

置[1]冠服，有定位；勿乱顿，致污秽。

【注释】

①置：放置，安放。

【译文】

衣帽鞋袜要放置在固定的地方，不要随意乱扔，以免把它们弄脏。

衣贵洁，不贵华；上循分，下称家[1]。

【注释】

①《礼记·少仪》："衣服在躬而不知其名为罔。"循：符合，遵循。分：身份。

【译文】

穿衣服要注重干净整洁，而不要讲究华贵漂亮。穿着既要考虑到自己的身份和场合，又要与自己的家境状况匹配。

对饮食，勿拣择[①]；食适可，勿过则[②]。

【注释】

①拣择：挑拣，选择。

②则：标准，准则。

【译文】

对于日常饮食，不要挑挑拣拣，要适可而止，不可超过常量。

年方少，勿饮酒；饮酒醉，最为丑。

【译文】

年少的时候不要饮酒，一旦喝醉，就会丑态百出。

步从容，立端正；揖[①]深圆，拜恭敬。

【注释】

①揖：拱手行礼。古时作揖有严格规定，要求曲身、低头，眼睛看着自己的鞋尖，两手圆拱。

【译文】

走路时步态要从容，站立时身体要端正挺直，作揖时身子要躬下去，叩头跪拜时要恭敬。

勿践阈[①]，勿跛倚[②]；勿箕踞[③]，勿摇髀[④]。

【注释】

①阈：门槛。《礼记·曲礼》："大夫士出入君门，由闑右，不践阈。"

②《礼记·曲礼》："游毋倨，立毋跛，坐毋箕，寝毋伏。"跛倚：一脚落地斜靠着。

③箕踞：坐时两腿前伸，形如箕，是一种倨傲无礼的表现。

④髀(bì):腿,大腿。

【译文】

进门时脚不要踩在门槛上,站立时身体不要倾斜,就座时两腿不要叉开或伸出,也不要摇晃大腿。

缓揭帘,勿有声;宽转弯,勿触棱[1]。

【注释】

①棱:物体的棱角。

【译文】

掀开门帘时动作要轻缓,避免发出声响。走路转弯时,余地要留大些,以免触到棱角。

执虚器,如执盈;入虚室,如有人[1]。

【注释】

①《礼记·少仪》:"执虚如执盈,入虚如有人。"

【译文】

即使是拿着空的器皿,也要像里面盛满东西一样小心谨慎。即使是进入无人的房间,也要像有人在一样,不可随意。

事勿忙,忙多错;勿畏难,勿轻略[1]。

【注释】

①轻略:轻率,忽视。

【译文】

做事情不要太匆忙,匆忙容易出差错。对待任何事物,既不要害怕困难,也不要轻率应付。

斗闹场，绝勿近；邪僻事[①]，绝勿问。

【注释】

①邪僻：乖戾不正。

【译文】

凡是打架闹事的场合，都不要靠近。对于邪恶不正的事，都不要去过问。

将入门，问孰存；将上堂，声必扬[①]。

【注释】

①《礼记·曲礼》："将上堂，声必扬。户外有二屦，言闻则入，言不闻则不入。"

【译文】

将入别人家门时，要先问有人在否。准备进入厅堂时，声调要提高。

人问谁，对以名；吾与我，不分明。

【译文】

当有人问"是谁"时，应当报出自己的名字，不能回答"吾"或"我"，让人听不明白。

用人物，须明求；倘[①]不问，即为偷。

【注释】

①倘：同"倘"，如果。

【译文】

借用别人的东西，必须事先向别人讲明。如果未得到别人允许而擅自取用，就是偷窃行为了。

借人物，及时还；人借物，有勿悭[1]。

【注释】

①悭（qiān）：悭吝，吝啬。

【译文】

借了别人的东西，要及时归还。别人来借东西，如果有的话就不要吝啬。

凡出言，信为先；诈与妄，奚可焉[1]。

【注释】

①《论语·学而》："曾子曰：'吾日三省吾身：为人谋而不忠乎？与朋友交而不信乎？传不习乎？'"又《论语·学而》："有子曰：'信近于义，言可复也。'"诈：欺骗。妄：非分，不合理。

【译文】

凡是说出去的话，都要以诚信为先。欺骗蒙混或花言巧语都是绝对不可以的。

话说多，不如少；惟其是，勿佞巧[1]。

【注释】

①佞巧：用花言巧语谄媚人。《论语·里仁》："君子欲讷于言，而敏于行。"

【译文】

话多不如话少，讲话要实实在在，不要花言巧语。

刻薄语，秽污语，市井气，切戒之。

【译文】

尖酸刻薄的话，肮脏下流的话，庸俗市侩的习气都要彻底戒除。

见未真，勿轻言；知未的[1]，勿轻传。

【注释】

①的：真实，实在。

【译文】

没有看得很真切的事情，不要轻易说出口。所了解的情况不是很确切时，不要轻易地传扬出去。

事非宜，勿轻诺[1]；苟[2]轻诺，进退错。

【注释】

①诺：许诺。

②苟：如果。

【译文】

不合时宜的事情不要轻易允诺别人，如果轻易允诺了别人，就会使自己进退两难。

凡道字，重且舒[1]；勿急疾[2]，勿模糊。

【注释】

①重：庄重。

②疾：快。

【译文】

讲话的时候，咬字要清楚，语气要庄重、舒缓，不要讲得匆匆忙忙，也不要讲得含糊不清。

彼说长，此说短，不关己，莫闲管[①]。

【注释】

①《孔子家语·观周》："无多言，多言多败；无多事，多事多患。"

【译文】

别人在说长道短的时候，听到与自己无关的话就不要去管它。

见人善，即思齐[①]；纵去[②]远，以渐跻[③]。

【注释】

①《论语·里仁》："见贤思齐焉，见不贤而内自省也。"齐：达到，看齐。

②去：距离。

③跻(jī)：登，上升。

【译文】

看到别人的优点或善行，就立刻想到要向别人看齐、学习，即使和别人的差距很大，也要下定决心，渐渐赶上。

见人恶，即内省[①]；有则改，无则警[②]。

【注释】

①内省：省察内心，自我反省。《论语·述而》："子曰：三人行，必有我

师焉。择其善者而从之，其不善者而改之。”

②朱熹《四书章句集注·论语集注》：“曾子以此三者日省其身，有则改之，无则加勉，其自治诚切如此，可谓得为学之本矣。”

【译文】

看见别人的恶行或缺点，要即刻自我检讨。如果发现自己也有这些缺失，就要即刻改掉；如果没有，也要时刻警惕。

惟德学，惟才艺，不如人，当自励。

【译文】

如果自己的品德、学问、才能、技艺不如别人，就应当自我勉励，努力赶上。

若衣服，若饮食，不如人，勿生戚[①]。

【注释】

①戚：忧愁，悲哀。

【译文】

如果自己的衣服不如别人华美，自己的饮食不如别人可口，不要悲伤难过。

闻过怒，闻誉乐[①]，损友来，益友却[②]。

【注释】

①陆九渊《与傅全美》：“闻过则喜，知过不讳，改过不惮。”誉：赞美，表扬。

②《论语·季氏》：“益者三友，损者三友。友直，友谅，友多闻，益矣。友便辟，友善柔，友便佞，损矣。”却：退却，后退。

【译文】

听见别人指责自己的过失就发怒，听见别人称赞自己就高兴，这样就会使坏朋友接近你，而真正的良朋益友却逐渐疏远了。

闻誉恐，闻过欣，直谅士①，渐相亲。

【注释】

①直谅士：见前注。直，正直。谅，谅解，宽容。

【译文】

听到别人赞美自己就感到不安，听见别人指责自己的过错便欣然接受，这样良师益友就渐渐地和你亲近了。

无心非，名为错；有心非，名为恶。

【译文】

无意中做了坏事，叫作“错”；存心做坏事，就叫作“恶”。

过能改，归于无①；倘掩饰，增一辜②。

【注释】

①《左传·宣公二年》：“人谁无过，过而能改，善莫大焉！”

②辜：罪，过错。

【译文】

知错能改，就可以当作没有犯错一样。如果犯了错误还要刻意去掩饰，那就是错上加错了。

四　泛爱众而亲仁

凡是人，皆须爱；天同覆，地同载[1]。

【注释】

①《礼记·孔子闲居》："孔子曰：'天无私覆，地无私载，日月无私照。奉斯三者以劳天下，此之谓三无私。'"

【译文】

不论是什么人，我们都要去关心爱护，因为我们生活在同一片天空下，生长在同一个地球上。

行高者，名自高；人所重，非貌高。

【译文】

一个品德高尚的人，自然会声名远扬。人们所敬重的，并不是一个人的外貌。

才大者，望自大；人所服，非言大。

【译文】

才能卓越的人，声望自然高远。人们所佩服的是有真才实学的人，而不是夸夸其谈的人。

己有能，勿自私；人有能，勿轻訾[1]。

【注释】

①訾（zǐ）：说人坏话，诋毁。

【译文】

自己有才能，就应当多为他人着想，不可自私自利。别人有才能，不要心生嫉妒或诽谤他人。

勿谄富，勿骄贫[1]；勿厌故，勿喜新。

【注释】

①《礼记·坊记》："子云：'小人贫斯约，富斯骄。约斯盗，骄斯乱。'"郑氏注：约，穷。

【译文】

对待富有的人不要去谄媚巴结，对待贫穷的人不要骄横无礼。不要喜新厌旧。

人不闲，勿事搅；人不安，勿话扰。

【译文】

别人忙碌的时候，不要去打扰他。别人心绪不安的时候，不要用言语去打扰他。

人有短，切莫揭；人有私[1]，切莫说。

【注释】

①私：隐私。

【译文】

对于别人的短处，千万不要去揭穿。对于别人的私密，也不要随便乱说。

道人善，即是善[1]；人知之，愈思勉。

【注释】

①《礼记·坊记》："善则称君，过则称己，则民作忠。……善则称亲，过则称己，则民作孝。"

【译文】

称赞别人的善行就是行善，因为别人知道了你的赞美后，必定会受到鼓舞而更加努力。

扬人恶，即是恶；疾之甚，祸且[1]作。

【注释】

①且：将要。《论语·泰伯》："人而不仁，疾之已甚，乱也。"朱熹注："恶不仁之人而使之无所容，则必致乱。"

【译文】

到处宣扬别人的短处就是一种罪恶，如果做得太过分了，就会惹出祸端。

善相劝，德皆建；过不规[1]，道两亏。

【注释】

①规：规劝，谏诤。

【译文】

互相规过劝善，有助于双方良好品德的培养。有过错而不能互相规劝，两个人的品德都会有所缺陷。

凡取与，贵分晓[①]；与宜多，取宜少。

【注释】

①晓：知晓，明白。

【译文】

无论是从他人手里获取东西，还是把东西赠与他人，都要区分清楚，宁可多给别人一些，自己少拿一些。

将加人，先问己，己不欲，即速已[①]。

【注释】

①《论语·颜渊》："子曰：'己所不欲，勿施于人。'"已：停止。

【译文】

事情要施加到别人身上之前，首先要问问自己是不是愿意这样做。如果连自己也不愿意做，就要赶快停止。

恩欲报，怨欲忘；报怨短，报恩长。

【译文】

对别人的恩德要时刻想着报答，对别人的怨恨要尽快忘记。对别人的怨恨越短越好，对别人的恩德要常记在心。

待婢仆，身贵端；虽贵端，慈而宽[1]。

【注释】

①宽：宽厚。

【译文】

对待家里的婢女与仆人，首先要注重自身的品行端正。品行端正固然重要，但是对人还要仁慈宽厚。

势服人，心不然；理服人，方无言。

【译文】

用权势去压服别人，就会使人口服心不服；以道理去说服别人，才会使人心服口服。

同是人，类不齐；流俗众，仁者稀[1]。

【注释】

①《论语·宪问》："君子而不仁者有矣，夫未有小人而仁者也。"

【译文】

同样是人，类别却有不同，大部分都是流于庸俗的普通人，而品行高洁、仁爱宽厚的人却很少。

果仁者[1]，人多畏；言不讳，色不媚。

【注释】

①果：确实，果然。

【译文】

真正仁慈的人，人们都敬畏他，因为他说话直言不讳，也不阿谀奉承。

能亲仁，无限好，德日进，过日少。

【译文】

能和仁德的人亲近，就会受益匪浅，因为他会使我们的德行与日俱增，使我们的过失一天天地减少。

不亲仁，无限害，小人进，百事坏。

【译文】

不亲近仁德的人，就会带来无穷的祸患，因为不肖的小人会乘虚而入，就会有很多的害处。

五 行有余力，则以学文

不力行[1]，但学文，长浮华，成何人？

【注释】

①力行：勉力从事，努力去做。《中庸》："好学近乎知，力行近乎仁，知耻近乎勇。"

【译文】

如果只是一味地苦读经籍，而不能把所学的东西用于实践，就会滋长自己的浮华习气，那最终会变成什么样的人呢？

但力行，不学文，任己见，昧[1]理真。

【注释】

①昧：掩藏，蒙蔽。

【译文】

如果只是一味地实践力行，而不踏实读书，就会凭着一己之见做出许多不符合道理的事来。

读书法，有三到：心眼口，信皆要[1]。

【注释】

①朱熹《训学斋规》："余尝谓读书有三到，谓：心到，眼到，口到。"信：确实，的确。

【译文】

读书的方法有三到：心到，眼到，口到，三者都很重要，缺一不可。

方读此，勿慕彼；此未终，彼勿起。

【译文】

不要刚开始读这本书就想着去读那本书，一本书没读完，就不要再去读另一本书。

宽为限，紧用功；工夫到，滞塞通。

【译文】

刚开始读一本书时，要把计划时间放宽泛些，但是读书也得抓紧用功，只要功夫深，困惑疑难就会迎刃而解了。

心有疑，随札记①；就人问，求确义。

【注释】

①札记：读书时摘记的要点和心得。

【译文】

求学过程中，若有疑问，应随时做笔记。等到有机会时，就向别人请教，以求获得精确的义解。

房室清，墙壁净；几案洁，笔砚正。

【译文】

书房要收拾清爽，墙壁要保持干净，书桌要整理清洁，笔墨纸砚要摆放端正。

墨磨偏，心不端①；字不敬②，心先病。

【注释】

①《大学》："意诚而后心正，心正而后身修，身修而后家齐，家齐而后国

治，国治而后天下平。”

②敬：恭敬，尊重。

【译文】

如果把墨磨偏了，就说明你心不在焉；字写得不工整，就表示你心神不宁。

列[1]典籍，有定处；读看毕，还原处。

【注释】

①列：陈列，摆放。

【译文】

经义典籍应当摆放在固定的地方，如果读完了就要放回原处。

虽有急，卷束[1]齐；有缺坏，就补之。

【注释】

①束：捆，系。

【译文】

即使有急事，也要把书卷整理好，摆放整齐。如果书籍有破损的地方，要及时修补好。

非圣书[1]，屏[2]勿视；蔽聪明，坏心志。

【注释】

①圣书：指儒家经典。

②屏：摒弃，排除。

【译文】

不是圣贤之书就摒弃不看，因为不正经的书会蒙蔽人的智慧，损害人的心志。

勿自暴，勿自弃[1]；圣与贤，可驯致[2]。

【注释】

①《孟子·离娄上》："自暴者，不可与有言也；自弃者，不可与有为也。言非礼义，谓之自暴也；吾身不能居仁由义，谓之自弃也。"自暴：自我戕害。自弃：自己放弃上进。

②《孟子·滕文公上》："颜渊曰：'舜何人也？予何人也？有为者亦若是！'"致：达到。

【译文】

一个人不要自暴自弃，只要发愤图强，努力进取，即使是圣贤的境界也是可以达到的。

附

老学究语

[清]李惺 著

一　四言

有礼则安，无礼则危[1]，齐家以礼[2]，万福之基[3]。
上下之分[4]，内外之限，最宜谨严，不可稍乱。
家长严正，卑幼恭顺，善气凝薰，元吉大庆[5]。
不怕饥寒，怕无家教，惟有教儿，最关紧要。

【注释】

①《礼记·曲礼》："人有礼则安，无礼则危。故曰：礼者，不可不学也。"又注："礼所以治人情，修仁义，尚辞让，去争夺。故人必有礼，然后身安而国家可保也。"

②齐：治理，整治。

③基：根基。

④上下之分：《礼记·曲礼》："君臣上下，父子兄弟，非礼不定。"

⑤元吉：大吉。《周易·坤》："黄裳元吉。"

有儿不教，不如无儿，教不以正[1]，何以教为？
善爱儿者，不偏于爱，偏于爱者，儿受其害。
望儿成立，怕儿不才，动其畏心[2]，绝其祸胎[3]。
松下生松，柏下生柏，近朱者赤，近漆者黑。

【注释】

①正：正确的道理。
②动：震动，感动。
③祸胎：罪祸的根源。

横天塞地，一个孝字，震古烁今，一件难事。
友以成孝，孝以兼友[1]，薄兄弟者[2]，薄其父母。
妇人之言，非不可听，怕以长舌[3]，济其阴性[4]。
枝枝叶叶，一树一根，同宗共祖，虽疏亦亲。
有礼之家，可以联姻，无讼之乡[5]，可以结邻。

【注释】

①友以成孝，孝以兼友：对兄弟的友爱有助于成全对父母的孝心，对父母的孝顺中其实也包含着对兄弟的友爱之情。成，完成，实现。
②薄：刻薄，不厚道。
③长舌：比喻多言，也指搬弄是非。
④济其阴性：助长女人刻薄善妒的天性。济，增加。
⑤讼：诉讼，打官司。

富贵贫贱，几人看破，这个关头[1]，先要打破。
贫贱者多，富贵者少，都要富贵，天也难了[2]。
处贫贱易，处富贵难，贫贱之福[3]，事少心闲。
富贵场中，变故实多，一有不测，立见风波。
富贵场中，机心特甚[4]，一有不平[5]，立成崖阱。
利为利役[6]，势为势屈[7]，富人仓皇[8]，贵人局促[9]。
纨绔之习[10]，腥膻之气，富贵之家，薰于势利[11]。
炎炎隆隆[12]，毒之所钟[13]，虫生柱中，孰知其虫？
贵盛富厚，罕能百年，不如贫贱，其流涓涓[14]。

【注释】

①关头：观念。

②都要富贵，天也难了：人人都想要富贵，连老天也感到为难。

③贫贱之福：贫贱之人的好处。福，福气。

④机心：巧诈之心。《庄子·天地》：“有机械者必有机事，有机事者必有机心。”

⑤不平：不均，不公正。

⑥利为利役：贪图钱财的人为利益所驱使。役，奴役。

⑦势为势屈：追逐权势的人为势力而屈服。

⑧富人仓皇：富人因为钱多而终日慌张不安。仓皇，匆忙急迫，慌张。

⑨贵人局促：贵人因为身居高位而整日拘谨不安。

⑩纨绔：同“纨裤”，细绢做的裤子，是古代贵族子弟的服装，借指贵族子弟。

⑪薰：熏染。

⑫炎炎隆隆：炎炎、隆隆，均指权势显赫。扬雄《解嘲》：“炎炎者灭，隆隆者绝。”

⑬毒：祸害。

⑭涓涓：细水慢流的样子。

徇末忘本[1]，弃内营外[2]，所得者小，所失者大。

人之所欲，非我所欲，不求有余，自无不足。

淡淡薄薄，朴朴素素，食不厌蔬，衣不厌布。
孝养父母，有儿教儿，眼前生计，勿荒于嬉[3]。
只图佚乐[4]，定不快活，能耐劳苦，别无痛楚。
日出而作，日入而息，第一等人，自食其力。
懒人懒病，无药可医，不瘫不痪，惰其四肢。
身有所属，心有所系，若无执业[5]，何所不至？
东倒西歪，七颠八簸，水性杨花，万难结果。

【注释】

①徇末忘本：为了追求微不足道的小事而忘了做人的根本。徇，追求，谋求。末，末节，微不足道的事情。
②弃内营外：放弃自己分内的事，而去钻营身外的事。
③荒于嬉：韩愈《进学解》："业精于勤，荒于嬉；行成于思，毁于随。"嬉，游戏，玩耍。
④佚乐：安逸快乐。
⑤执业：所习之常业。

年少力强，急须努力，错过少年，老来着急。
民分为四，各技各艺，欲善其事[1]，必致其志。
只怕不勤，只怕不精，只怕无恒，不怕无成。
绳锯木断，水滴石穿[2]，由来者渐，只是一专[3]。
天生之物，可用者众，天生之人，必有所用[4]。
生贫贱家，当知自力[5]，生富贵家，岂遂自逸[6]？
第一可愧，坐享庸福，酒囊饭袋，行尸走肉。
有穿有戴，又醉又饱，不怕过分，专要爱好。

一切器具，色色精致，物盛人衰，物坚人脆。
高门广厦，以为安宅，屋是主人，人却是客。
月不常圆，日不再中，泰则必侈[7]，侈则必穷[8]。

【注释】

①欲善其事：《论语·卫灵公》："工欲善其事，必先利其器。"
②绳锯木断，水滴石穿：《鹤林玉露·地集·一钱斩吏》："一日一钱，千日千钱，绳锯木断，水滴石穿！"
③由来者渐，只是一专：绳锯木断和水滴石穿的原因就在于循序渐进，持之以恒。
④天生之人，必有所用：李白《将进酒》诗："天生我材必有用，千金散尽还复来。"
⑤自力：尽自己的力量。《新唐书·白志贞传》："硁硁自力，有智数。"
⑥自逸：自身贪图享乐。
⑦泰：宽裕。《荀子·议兵》："凡虑事欲孰，而用财欲泰。""孰"同"熟"。
⑧侈：奢侈，放纵。

今之所享，前之所积，无奈痴儿[1]，不知爱惜。
痴儿不痴，乃翁实痴[2]，躬自积之，何不散之[3]？
家有余银，族有贫人，厨有剩饭，途有饿汉。
不痛不痒，一彼一此，将心比心，知己知彼。
人到穷时，老天也穷，能拯人者，能代天工[4]。
拙人守拙，天之所怜，你照看他，他有二天[5]。
正人守正[6]，天之所喜，你帮扶他，天也爱你。
勿谓人穷，由于不才[7]，正惟不才，益觉可哀。

勿谓人穷，我亦不丰，我纵不丰，未是奇穷[8]。
济众固难[9]，要有所济，见人垂危[10]，乌能坐视[11]？
厚施固难[12]，不施不得，千钱百钱，亦可解厄[13]。

【注释】

①痴儿：呆傻，无知的孩子。杜甫《百忧集行》："痴儿未知父子礼，叫怒索饭啼门东。"

②乃翁：你的父亲。《汉书·项籍传》："吾与若俱北面受命怀王，约为兄弟，吾翁即汝翁。必欲享乃翁，幸分我一杯羹。""享"同"烹"。

③躬自积之，何不散之：自己辛勤积攒下来的钱财，为何不把它分发给别人呢？躬，亲身。

④天工：同"天功"，天的职司。

⑤二天：据《后汉书·苏章传》载，东汉冀州刺史苏章巡视部署时，特别宴请清河太守，太守高兴地说："人皆有一天，我独有二天。"后来在诗文中就常用"二天"表示感恩之词。王十朋《送吴宪知叔》："郡不留三宿，人皆仰二天。"

⑥正人守正：正直的人坚守正理。

⑦不才：没有才能。

⑧奇穷：非常穷。奇，副词，极，甚。

⑨济：帮助。

⑩垂危：病重将死。

⑪乌：疑问代词，同"何"。

⑫厚施：给人以丰厚的施舍。

⑬厄：穷困，灾难。

养人者田，害人者钱，钱之为物，人皆殉焉[①]。
出之自我，一滴不漏[②]，取之于人，惟嫌不够。
便是锱铢[③]，也觉有益，眼孔太小，心计太密。
越有越贪，不多不快，盖棺之时，一钱难带。
我所应有，有而不有[④]，留与儿孙，从容消受。
非所应有，不可强索，人既不愿，我亦何乐？
非所应有，不可隐取[⑤]，诡而得之[⑥]，是谓盗矣。

【注释】

①钱之为物，人皆殉焉：世人都为了钱财而送了命。殉，为某种目的而死。
②出之自我，一滴不漏：从我手里拿出去的东西，多一点也不行。
③锱、铢：均为古代重量单位。六铢为一锱，二十四铢为一两。
④我所应有，有而不有：命中注定是我的东西，是否拥有它都无所谓。
⑤隐取：用不光明的手段取得。隐，暗中，私下。
⑥诡：欺诈。

蜣螂转丸，以粪为香，扑灯之蛾，但见灯光。
刀头着蜜，酒中置鸩[1]，心既甘之，可餂可饮。
欲因利炽[2]，利令智昏[3]，人为利诱，生入鬼门[4]。
敬人人敬，自敬其身[5]，人生一世，畏敬于人[6]。
漫说尊长，漫说先达[7]，但是个人，总难抹煞[8]。
谦谦君子，恭而有礼，小人不然，傲慢而已。
有意慢人，人必难堪，无心之慢，亦讨人嫌。
必颠必蹶[9]，必倾必折[10]，侈然自肆[11]，夷然不屑[12]。

【注释】

①鸩：一种有毒的鸟，羽毛泡在酒中，能毒死人。

②欲因利炽：欲望因贪图钱财而在人的内心中燃烧。炽，燃烧。

③利令智昏：贪图私利使头脑发昏，忘掉了一切。《史记·平原君虞卿列传》：“鄙语曰：‘利令智昏。’平原君贪冯亭邪说，使赵陷长平兵四十余万众，邯郸几亡。”

④生入鬼门：活着也等于进了鬼门关。

⑤敬人人敬，自敬其身：尊敬别人也会得到别人的尊敬，也就等于尊敬了自己。

⑥人生一世，畏敬于人：人活在世上，对别人要怀着一种畏惧敬服之心。

⑦漫说：同“慢说”，连词，别说。漫，莫，不要。先达：指有德行有学问的前辈。

⑧但是个人，总难抹煞：即使是普通的一个人，也总有难以抹煞的地方。但，仅，只是。

⑨颠：自高处坠落，跌倒。蹶：跌倒，绊倒。

⑩倾：倾覆。折：挫折，损失。

⑪侈：放纵。《孟子·梁惠王上》：“苟无恒心，放辟邪侈，无不为已。”肆：放纵，恣意而行。《左传·昭公十二年》：“昔穆王欲肆其心，周行天下。”

⑫夷：同辈，同等。《史记·留侯世家》：“今诸将皆陛下故等夷。”

人不尽愚，我岂独贤[①]？如云富贵，尤属偶然[②]。
但有作用，意量必深[③]，但有受用[④]，气味必醇。
被人看破，只为自大，被人料到，只为自小。
人与人接[⑤]，断难如意，一个单方[⑥]，总不动气。
愚人贱人，倘或我慢，却要恕他[⑦]，他实愚贱。
势利中人，倘或我慢，势利而已，又何足算[⑧]？
人之悍者，我当思难[⑨]，人之黠者，我当思患[⑩]。
偶尔抵触[⑪]，亦事之常，定要较量，自取烦恼。
我以为圆，人以为方，方则方耳，于圆何伤？
人无可疑，而我疑之，疑鬼鬼现，疑贼贼随。
彼此生疏[⑫]，何隙何衅？衅隙之生[⑬]，由于昵近[⑭]。

【注释】

①人不尽愚，我岂独贤：别人并非都是愚笨之人，难道独有我是贤明之人？

②如云富贵，尤属偶然：就好比说到富贵，我也只是偶然得到。

③作用：努力，用力。白居易《赠杨使君》：“时命到来须作用，功名未立莫思量。”意量：见识和气度。

④受用：享受，享用。

⑤接：接触。
⑥单方：单方面的一个人。
⑦恕：宽恕，原谅。
⑧算：计较。
⑨人之悍者，我当思难：遇到蛮横凶悍的人，我应当想到与他交往的困难。
⑩人之黠者，我当思患：遇到狡猾的人，我应当想到与他交往带来的麻烦。
⑪抵触：矛盾。
⑫生疏：疏远，不亲近。
⑬衅隙：嫌隙，仇隙。
⑭昵近：过于亲密、亲近。

愈理愈纷，愈转愈深，不如罢了，闭口闭心。
肝气易动①，心气难平②，肝木心火，自焚其身。
芝兰之生，杂于众草，凤凰所止，从以百鸟③。
是个吉人④，一团和气，饮人以和，令人自醉。
树树有皮，人人有脸，见人破绽⑤，替人遮掩。

直不自直，白不自白[⑥]，见人冤枉，替人分别[⑦]。
视人之事，如己之事，既应承他，有一无二。

【注释】

①肝气：容易发怒的心理状态。

②心气：心情。

③凤凰所止，从以百鸟：凤凰栖息的地方跟随着许多的鸟儿。

④吉人：善人。《左传·文公十八年》："今行父虽未获一吉人，去一凶矣。"

⑤破绽：比喻说话、做事时出现的漏洞。

⑥直不自直，白不自白：正直的人不标榜自己的正直，清白的人不吹嘘自己的清白。

⑦分别：分析辩解。

随处度人[①]，一钱不费，与子言孝，与弟言悌[②]。
凡与人言，词气从容[③]，规人劝人，人也乐从。
爱我誉我，见我揄扬[④]，承以惶愧，谢不敢当。
说我不是，道我不好，虚心领受，反而自考[⑤]。
汪汪之量[⑥]，海纳百川，皎皎之心[⑦]，月丽中天[⑧]。
天理良心，常言如此，昧了天良，忍心害理。

【注释】

①度：同"渡"，救济。

②悌：敬爱兄长。《论语·学而》："入则孝，出则弟。""弟"同"悌"。

③词气：言辞气度。杜甫《同元使君舂陵行》："道州忧黎庶，词气浩纵

横。”从容：不慌不忙，悠闲舒缓。

④揄扬：赞誉，表扬。

⑤反而自考：返回家后，自我反省。反，同“返”。考，考察。

⑥汪汪：水深广的样子。比喻人的气度大。蔡邕《郭有道碑文》：“其器量弘深，姿度广大，浩浩焉，汪汪焉，奥乎不可测已。”

⑦皎皎：洁白、明亮的样子。

⑧月丽中天：明月悬挂在空中。《周易·离》：“日月丽乎天，百谷草木丽乎土。”丽，依附。

人之感人，所入者深[1]，岂有异术，只是实心[2]。
实心实肠，鬼也信你，巧于骗人，骗的自己。
遇事生风[3]，七嘴八舌，他人之事，于己何涉？
无中生有，胡说乱道，嚼舌而死[4]，眼前现报。
以计陷人，人莫能脱[5]，恶之大者，陷人于恶[6]。
助恶长恶，小人之尤，因风纵火，火上浇油。
树怕剥皮，人怕伤心，冤家路窄，无处躲身。
凡菑人者[7]，人反菑之，君子必慎，慎其所施。
谄人媚人，行同市侩，乞丐性情，倡优体态[8]。
羞不知羞，怪不知怪，但得人怜，自以为快。
势利中人，无所不有[9]，名教中人，切须有守[10]。
何谓秀才？何谓孝廉[10]？顾名思义，能否无惭[12]。

【注释】

①人之感人，所入者深：人之所以能感动他人，是因为他的言行深入人心。

②岂有异术，只是实心：难道有什么特殊的方法吗？只是用了真心实意而已。实心，真心实意。

③风：风言风语，没有确实根据的话。

④嚼舌：信口胡说，搬弄是非。

⑤脱：逃脱，免于祸。《汉书·高帝纪上》："滕公下收载，遂得脱。"

⑥恶人大者，陷人于恶：最坏的恶人，反而喜欢诬陷别人是恶人。

⑦菑：古同"灾"，危害。

⑧倡优：也作"娼优"，古代歌舞杂技艺人。体态：姿态，神情。

⑨势利中人，无所不有：追逐权势和钱财的人，以上种种丑态无不占尽。

⑩名教中人，切须有守：正统之人必须有所操守。名教，以等级名分为核心的封建礼教。

⑪孝廉：汉代选举官吏的两种科目。孝，孝悌之人。廉，清廉之士。后来合称孝廉，历代因之。也指被举荐的士人。

⑫顾名思义，能否无惭：看到"秀才"和"孝廉"这两个称号，想想自己是否有愧于此。

一第一官[①]，休足为荣，俗眼俗口，说是功名。
功名二字，谈何容易，功在天下，名在后世。

【注释】

①第：科第，科举考试及格的等级。

小用小效，保惠一方[①]，有功可纪，其名亦彰[②]。
果有经济[③]，必有器局[④]，器局宏深，自能拔俗[⑤]。
抱负在先，功名在后[⑥]，随地设施，平时讲究[⑦]。
不能则学，不知则问，耻于问人，决无长进。
两眼要明，明于认人，不可狎者，可宗可亲[⑧]。
饥而食粥，粥可省费[⑨]，困而读书，书可益智[⑩]。
以书益智，智在明理，理之大常，礼义廉耻。
见得理明，信得命定，胆壮气足，物皆退听[⑪]。
何贱何贫，只要成人，有品不贱，有学不贫。

【注释】

①小用小效，保惠一方：地方官吏发挥的小作用也可给百姓带来恩惠。
②有功可纪，其名亦彰：官吏的功劳能够被记载下来，他的声名也因此而显著。彰，显著。
③经济：经世济民。杜甫《上水遣怀》："古来经济才，何事独罕有。"
④器局：才识和气度。《晋书·何充传》："何充器局方概，有万夫之望。"
⑤拔俗：形容品德、风度超过一般人。

⑥抱负在先，功名在后：先树立了远大志向，才有可能成就功名。抱负，远大的志向。

⑦随地设施，平时讲究：因为有了平时的探究和积累，才能随时随地有所发挥。设施，布置，安排。讲究，探究。

⑧不可狎者，可宗可亲：（要认清）哪些是不可以亲近的人，哪些是需要尊崇的人。狎，亲昵，亲近。宗，尊崇，敬仰。

⑨费：财用，费用。

⑩智：理智。

⑪物皆退听：能够抵制所有的物质利诱。退听，意即退出听力所及的范围。

不为良相，当为良医，医固可为，不如蒙师[1]。
人生百年，始于龆龀[2]，不培其根，必染邪症[3]。
圣贤之言，百症俱详[4]，不得良师，不显良方[5]。
书所云云，归到身心[6]，随事指点，入之也深[7]。
勤勤善导，小子有造[8]，世多善人[9]，良师之效。

【注释】

①蒙师：启蒙老师。

②龆龀（tiáo chèn）：垂发换牙，表示童年。《颜氏家训·序致》："昔在龆龀，便蒙诲诱。"

③邪：中药指引起一切疾病的因素。《急就篇》卷四："灸刺和药逐去邪。"

④圣贤之言，百症俱详：圣贤之书道明了人生的各种弊病。

⑤不得良师，不显良方：没有良师的指点，即使是再好的理论也只是纸上谈兵。

⑥书所云云，归到身心：书上所讲的东西要用心领会。

⑦随事指点，入之也深：遇到不同的情况而随时加以指点，对书中的精华才能理解得更透彻。

⑧小子：子弟，晚辈。《论语·子张》："子夏之门人小子，当洒扫应对进退，则可矣。抑末也，本之则无。"

⑨善人：有道德的人，行为善良的人。《论语·述而》："善人，吾不得而见之矣，得见有恒者，斯可矣。"

十二时中①，莫欺自己，最着紧处，鸡鸣而起。
一有邪念，立即斩断，断了念头，再休牵绊。
非不自知，无奈自恕，恕一恕再，走入邪路②。
自攻自治，我不我容③，绝大智慧，真正英雄。
贪不如廉，巧不如拙④，躁不如静，辩不如默⑤。
宁重勿轻，宁缓勿迫⑥，宁厚勿薄，宁宽勿窄⑦。
谨守三戒⑧：戒之在色，戒之在斗，戒之在得。
切须小心，战战兢兢，如临深渊，如履薄冰⑨。

【注释】

①十二时：我国古代以一昼夜为十二时辰，每一时辰为两小时。王维《送杨长史赴果州》："鸟道一千里，猿声十二时。"

②恕一恕再，走入邪路：一而再，再而三地宽恕自己，就会走入歧途。

③自攻自治，我不我容：自己医治自己的病症，自己决不容许自己再犯错误。攻、治，均为治疗之意。

④巧不如拙：《韩非子·说林上》："故曰：'巧诈不如拙诚。'"

⑤辩不如默：与其争辩，不如沉默。

⑥宁重勿轻，宁缓勿迫：宁可庄重，不要轻佻；宁可舒缓，不要急迫。

⑦宁厚勿薄，宁宽勿窄：宁可厚重，不要刻薄；宁可宽容，不要褊狭。

⑧三戒：《论语·季氏》："孔子曰：'君子有三戒：少之时，血气未定，戒之在色；及其壮也，血气方刚，戒之在斗；及其老也，血气既衰，戒之在得。'"

⑨战战兢兢，如临深渊，如履薄冰：出自《诗经·小雅·小旻》，形容非常恐惧、谨慎的样子。

二　六言

五行之属三千[①]，罪莫大于不孝。世俗不孝者五，先要尔曹知道[②]。

外人不算同气[③]，同气只此兄弟。弟兄能有多少，十个八个更好。

一体分为五指，指头或短或长。长短无非手足，弟兄切莫参商[④]。

兄弟亲戚朋友，失欢多为谗言。小人工于离间[⑤]，勿为小人所谩[⑥]。

妇人儿子奴仆，最多一面之辞。轻听必然惹祸，祸来躬自当之[⑦]。

祖父官大门高，儿孙意气自豪。多少潭潭第宅[⑧]，转眼化作蓬蒿[⑨]。

前人纵有功德，也难向人夸耀。后人不及前人，旁人说你不肖[⑩]。

【注释】

①五行：即五常。《汉书·扬雄传上》："文之以五行，拟之以道德仁义礼知。""知"同"智"。

②尔曹：你们。杜甫《戏为六绝句》："尔曹身与名俱灭，不废江河万古流。"

③同气：同宗，同根。气，指人的精气、元气。

④参商：参星和商星。二星分别在东西方，出没不同时。比喻双方远

离。杜甫《赠卫八处士》:“人生不相见,动如参与商。”
⑤离间:挑拨,耍手段使不和睦。
⑥谩(mán):欺骗。
⑦当:承担。
⑧潭潭:宽深,宽大。陈亮《与叶丞相》:“亮积忧多畏,潭潭之府所不敢登。”
⑨蓬蒿:飞蓬与蒿草。泛指杂草、荒草。
⑩肖:类似。

读书专习文字,文字专求科第[①]。一心指望做官,误了许多子弟。

做官非图富贵,有君有国有民。若是一无好处,不如做个乡人。

子弟先要醇谨[②],醇谨自然端正。少小便逞聪明,聪明不如愚钝。

人生福泽之源,端在精神纯固[③]。纵有学问文章,只是深沉不露。

不容冒者才子[④],不可居者名士[⑤]。一味轻薄颠狂,桃花柳絮而已[⑥]。

【注释】
①文字:指文章。孟郊《老恨》:“无子抄文字,老吟多飘零。”
②醇谨:性情敦厚,言行恭谨。
③端:本。《礼记·礼器》:“二者居天下之大端矣。”
④不容冒者才子:不自我吹嘘的人才是真正的才子。
⑤不可居者名士:不居功自傲的人才是真正的名士。

⑥一味轻薄颠狂，桃花柳絮而已：杜甫《绝句漫兴九首（其五）》："颠狂柳絮随风去，轻薄桃花逐水流。"比喻趋炎附势、随波逐流的小人。

身非豢养不肥[①]，家非刻剥不富[②]。与其富也宁贫，与其肥也宁瘦。

世重有贝之才[③]，财非无用之物。愚人以之贾祸[④]，智者以之造福。

钱多正好行善，只要积而能散。积善也如积钱，一文凑到一串。

放着好事不做，反道善门难开。开门也自容易，有财岂患无才。

只有锦上添花，哪有雪中送炭。看破这般世情，落得做个铁汉[⑤]。

忮心最是难平[⑥]，须知不平则险。丈夫不肯求人，胸次却无坑坎[⑦]。

【注释】

①豢养：饲养牲畜。

②刻剥：剥削。杜甫《遣遇》："闻见事略同，刻剥及锥刀。"

③有贝之才：即"财"字。

④贾祸：招致祸患。贾，招致。《国语·晋语一》："以宠贾怨，不可谓德。"

⑤铁汉：也作"铁汉子"，指坚强的人。

⑥忮（zhì）心：指猜忌之心。《淮南子·诠言训》："方船济乎江，有虚船从一方来，触而覆之，虽有忮心，必无怨色。"

⑦坑坎：不平之气。

身为子孙之根，心为万事之本[1]。人生心过实多，怕的最是心狠[2]。

一事不肯放松，一言必图报复[3]。外面声息俱无，岂知里面最毒[4]。

妄人最会怪人[5]，奸人最会疑人[6]。其势必至枉人，其心俱可杀人。

称人之恶则喜，道人之善则忌[7]。不愿人做好人，即此已为败类[8]。

你看眼前的人，是人都觉不好。你有什么好处，度量先已狭小。

或为遭际所迫，亦有识见之差。大小替他原谅，那便指摘交加。

一任无理取闹，只如不闻其声。一任有心搬弄，只如不识其人。

人亦何所不有，糊涂必至荒唐[9]。事亦何所不有，横逆概属寻常[10]。

衅由仓猝而开，即时力制其忿[11]。忿由积渐而成，平时预弭其衅。

门外之仇易释，家庭之恨难消。隐忍终须决裂，由来不是一朝[12]。

既已黏皮带骨，万难一划两开。最要留他情面，先须看破钱财。

小人休与结怨，亦莫与之作缘。声名怕为所损，还防事故牵连。

【注释】

①身为子孙之根，心为万事之本：身体是子孙后代得以延续的根本，心思为一切事情的本原。

②人生心过实多，怕的最是心狠：人的一生由心生而犯下的过错实在太多了，最怕的就是狠心。

③一事不肯放松，一言必图报复：哪怕是一件小事损害了自己的利益，也不肯轻易放过别人，哪怕是一句言论不利于自己，也思图报复别人。

④外面声息俱无，岂知里面最毒：表面上不露声色，内心里却包藏祸心。

⑤妄人：荒诞无知的人。

⑥奸人：邪恶的人。

⑦称人之恶则喜，道人之善则忌：听到说别人的缺点就暗自高兴，听到赞美别人的话就忌妒。

⑧不愿人做好人，即此已为败类：不愿别人做好人的人，仅此一点就说明他是败类。

⑨人亦何所不有，糊涂必至荒唐：世界之大，什么人没有呢？有糊涂乃至荒唐的人。

⑩事亦何所不有，横逆概属寻常：世界之大，什么样的事不会发生呢？横行霸道、为非作歹之事都是很平常的。

⑪衅由仓猝而开，即时力制其忿：与别人的嫌隙都是由于不冷静而造成的，应马上平息心里的怒气。仓猝，匆忙急迫。制，克制。

⑫隐忍终须决裂，由来不是一朝：忍气吞声到最后还是会决裂，这种结果的产生也不是一朝一夕的事了。

蠢人未必有心，其初顺口撒谎。久之遂成惯病，无事不虚不罔[①]。

亦有自以为能，事事都像精明。白地落人圈套[②]，一毫知觉不曾。

方才习这一艺，又要别操一技[③]。世事无不可为，白头不成一事[④]。

一生委委靡靡，只是拖泥带水。一旦真真切切，便可斩钉截铁。

身之灵也以心，身之强也以精[⑤]。失其心者悖理，耗其精者戕生[⑥]。

君子庄敬日强，小人安肆日偷[⑦]。作伪心劳日拙，作德心逸日休[⑧]。

【注释】

①久之遂成惯病，无事不虚不罔：久而久之就成了一种习惯，没有什么事不瞎编胡造。虚，虚假，不真实。罔，欺骗，诬陷。

②白地：徒然，白白地。李白《越女词五首》之四："相看月未堕，白地断肝肠。"

③操：从事。

④世事无可不为，白头不成一事：没有什么事不去做，到老时却一事无成。

⑤身之灵也以心，身之强也以精：身体的灵气来源于真心，身体的强壮在于精气。

⑥失其心者悖理，耗其精者戕生：心术不正的人就违背了常理，虚耗其精气的人就等于戕害自己的生命。

⑦君子庄敬日强，小人安肆日偷：《礼记·表记》："君子庄敬日强，安肆日偷。"程子曰："常人之情，才放肆，则日就旷荡；自检束，则日就规矩。"应氏镛曰："收敛则精神内固，操存则血气不浮，故日进于强。宴安则物欲肆行，纵肆则肤体懈弛，故日至于偷。"

⑧作伪心劳日拙，作德心逸日休：《尚书·周官》："作德，心逸日休；作伪，心劳日拙。"行诡诈之事就会使身心日益疲惫，行善事就能使身心日益舒畅。伪，不诚实，诡诈。

行兵要有纪律，读书要有课程[1]。处事要有刀尺[2]，立身要有准绳。

能伸先要能屈，能飞还要能伏。能方妙在能圆[3]，能直妙在能曲。

心里十分关切，说人不可太甚[4]。心里十分

透彻，说事不可太尽[5]。

意将炫己之长，必且为人所短[6]。枢机是以宜慎[7]，锋芒是以宜敛。

急时易至慌张，定心且自思量。疏处难得周详，用心且自提防。

险阻伏于平地，饥馑伏于丰岁[8]。丰勿狃以为常[9]，平勿狎以为易。

破鼓可以救月[10]，破伞可以遮雨。何妨补此破伞，且莫弃那破鼓。

心以不用而废，偏用则识亦蔽[11]。事以好谋而成，阴谋则孽必深[12]。

【注释】

①课程：按规定数量和内容的工作或学习进程。刘克庄《即事》："秃翁未敢佚余生，洗竹浇兰立课程。"

②刀尺：分寸，尺寸。

③方：正直，方正。圆：圆通，灵活。孟郊《上达奚舍人》："万俗皆走圆，一身犹学方。"

④心里十分关切，说人不可太甚：虽然心里十分关切别人，但劝说的言辞也不可太过锋利。

⑤心里十分透彻，说事不可太尽：虽然心里十分明白，但也不可把事情说得过于详尽。

⑥短：指出别人的短处，说别人的坏话。

⑦枢机：枢与机，比喻事物的关键部位。《国语·周语下》："夫耳目，心之枢机也，故必听和而视正。"

⑧险阻伏于平地，饥馑伏于丰岁：即使是一马平川，也存在着山险梗塞的可能；即使是丰收之年，也潜伏着饥荒的危险。饥馑，饥荒，饥年。《左传·昭公元年》："譬如农夫，……虽有饥馑，必有丰年。"

⑨狃(niǔ)：习以为常而掉以轻心。

⑩破鼓可以救月：古人以为月食的出现是因为天狗吃了月亮，所以每当月食发生的时候，大家就敲锣打鼓，希望能吓退天狗，拯救月亮。

⑪心以不用而废，偏用则识亦蔽：头脑不经常使用就会荒废，心术不正就会蒙蔽识见。

⑫事以好谋而成，阴谋则孽必深：事情要好好策划才能成功，暗中使诡计必定造成很深的冤孽。阴谋，暗中策划。

人不能见鬼神，鬼神则能见人。人心最是难测，鬼神洞见肝膈[①]。

鬼神喜人为善，有心之善亦旌[②]。鬼神恶人为恶，无心之恶亦惩。

莫言六道杳冥[③]，报应极是分明。人间显有地狱，饿鬼畜生满目。

岂独天道好还[④]，并觉人言可畏。在在入耳惊心，都是严师酷吏。

懵懂人唤得醒[⑤]，难醒的聪明人。人到自是自满，神仙点化不成[⑥]。

【注释】

①鬼神洞见肝膈：鬼神能洞悉人的一切内心。

②旌(jīng)：表扬。

③六道：佛教用语。佛教六道指天道、人道、阿修罗道、饿鬼道、畜生道、地狱道。杳(yǎo)冥：幽暗深远的样子。

④天道：天理。

⑤懵懂：昏惑，糊涂。

⑥点化：指点感化。方夔《送客出城》："我行在处成诗话，点化成凡即是仙。"

三 杂言

寸金寸阴，寸草寸心。世少百年之人，家有白头之亲。

屋无梁则折，田无水则裂，灯无油则灭，家无好人则绝①。

妻好不在姿色，儿好不在嘴舌②。

家庭有规矩，朝廷有法纪，官长要人远罪，爷娘要儿近理③。

一身之元气足，则外邪不侵④；一家之元气足，则外侮不凌⑤。

月米一斗，可糊一口，百口也不嫌多，各有一艺在手。

享福怕早，甜不宜少，苦不宜老⑥。

食用有余，断然不可积钱。学识不足，断然不可做官。

冤死莫告状，穷死莫借账[7]。

不欠债，大自在；不作恶，大快活。

【注释】

①好人：善良的人。《北齐书·魏收传》："帝曰：'卿何由知其好人？'收曰：'高允曾为（崔）绰赞，称有道德。'"

②嘴舌：能说会道。

③官长要人远罪，爷娘要儿近理：官吏教导百姓要远离罪恶，父母教育子女要通情达理。

④一身之元气足，则外邪不侵：一个人如果心术端正，就不怕邪恶的事来侵扰。元气，指人的精神。

⑤一家之元气足，则外侮不凌：一家之人如果能够同心同德，就不怕外来的欺侮。

⑥享福怕早，甜不宜少，苦不宜老：享福怕享得太早，年少的时候不宜安享清闲，年老的时候不宜再过凄苦的生活。

⑦冤死莫告状，穷死莫借账：宁可被冤枉而死也不要去官府告状，宁可穷困致死也不要向别人借债。

冤宜解，不宜结；忿宜蠲[1]，不宜泄。

尤人不如自尤[2]，求人不如自求。

有性气的人，便死也敢[3]；没筋骨的人，便死也软。

但是当做的事[4]，切莫畏难；任是难做的事，只要耐烦。

镜勿使垢，剑勿使锈，心不磨不透。

脚要处处踏稳，心要时时提醒。

占小便宜吃大亏，仗小聪明无大成。

聪明才辨，不足羡也；老朽穷酸，不可厌也。

【注释】

①忿宜蠲(juān)：消除愤怒。蠲，除去。张九龄《荔枝赋》："心恚可以蠲忿，口爽可以忘疾。"

②尤：抱怨，指责。

③便：连词，纵然，即便。

④但是：只要是。

一犬吠形，百犬吠声[1]。细人以耳为目[2]，浅人有口无心[3]。

众口哓哓之时[4]，多一句不如少一句。众目眈眈之地[5]，进一步不如退一步。

自高者危，自满者亏[6]。

自晦莫自明[⑦]，自重莫自轻。

非平淡无以养性，非贞静无以定命[⑧]。

命是自然之命，理是当然之理。小人枉了做小人，君子落得为君子。

头尖善钻[⑨]，身轻善缘[⑩]，舌长善舔[⑪]，爪深善箝[⑫]。贪馋婪酣，苟贱不廉。

穷人穷命，低头枉拜财神；贱人贱相，开口便说贵人。

【注释】

①一犬吠形，百犬吠声：东汉王符《潜夫论·贤难》："谚曰：'一犬吠形，百犬吠声。'"比喻对事情不察真相，随声附和。

②细人：见识短浅的人。《庄子·让王》："孔子推琴喟然而叹曰：'由与赐，细人也。'"

③浅人：言行浅薄的人。

④哓（xiāo）哓：唠叨，议论。欧阳修《答李翊书》："凡论三子者，以予言而一之，则哓哓者可以息矣。"

⑤眈眈：瞪目逼视的样子。《周易·颐》："虎视眈眈，其欲逐逐。"

⑥自满者亏：《尚书·大禹谟》："满招损，谦受益。"亏，减损。

⑦自晦莫自明：做人宁可含蓄些，也不要自我张扬。晦，隐晦，含蓄。

⑧贞静：正直安静。

⑨钻：钻营。

⑩缘：攀缘，攀登。

⑪舔（tiǎn）：以舌取物。

⑫箝（qián）：夹住。

闭户读书，尺步绳趋[①]。宁做书中之蠹[②]，莫作人中之蛆。

可怜的才人薄命，可怕的文人无行[③]。

但有铦锋无寸铁，以之杀人不见血，此何物哉？笔与舌！

不顾人命，横取人财，心坏身坏名坏，坏尽还有后灾。

秽人闺门[④]，败人名节，乱人嗣续[⑤]，自失骨血，罪大恶极，难说难说。

【注释】

①尺步绳趋：也作“绳趋尺步”。形容循规蹈矩，举止合法度。《宋史·朱熹传》：“方是时，士之绳趋尺步，稍以儒名者，无所容其身。”

②蠹：蛀虫。

③可怕的文人无行：文人的品德败坏是最可怕的。

④闺门：内室，家室。

⑤嗣续：后嗣，后代。

势相逼，名相齐，心相忌，力相挤，强者虽胜，终亦颠跻[①]。

损他人之物，折自己之福；坏他人之事，作自己之祟[②]。

苟以心术之险，行于骨肉之间，天性太薄，天谴尤严[③]。

人悔过，天悔祸；过而悔之，天岂罪之[④]？

悔之而未即改之，天犹姑待之[5]。

孽之所不可活者，天之所莫能脱也[6]。

【注释】

①"势相逼"句：势力不相上下，名气相当，内心互相忌妒，竭力排挤对方，虽然有人胜出，但最终也会落得一无所有。逼，接近。颠跻，坠落。

②坏他人之事，作自己之祟：破坏别人的好事，最终会给自己带来祸害。祟，灾祸。《史记·田叔列传》："久乘富贵，祸积为祟。"

③"苟以心术之险"句：如果把阴险的手段用于亲人身上，那这个人的天性就太刻薄，连老天对他的谴责都会格外严厉。心术，居心，心计。骨肉，比喻亲人。

④"人悔过"句：人若能对自己犯下的过错表示悔恨，上天也会对自己造成的灾祸表示悔恨；有了过错知道后悔，老天还会怪罪于他吗？

⑤"姑待之"句：对自己的过错表示悔恨，却没有立即改正，老天还是会给他时间改过自新。未即，没有立即。姑，姑且，暂且。

⑥"莫能脱"句：《尚书·太甲中》："天作孽，犹可违；自作孽，不可逭。"逭(huàn)，逃避。

要明世故[1]，要达时务[2]。

若是见怪不怪，其怪自败[3]；亦有当断不断，反受其乱[4]。

不用僻药，不害为良医[5]；不押险韵，不害为好诗[6]。若无后着[7]，决然不是高棋。

峻怕狭，圆怕滑[8]。

口要缄得稳[9]，舌要卷得紧。事到不得不言，言即无容徇隐[10]。

义所当为，人人共赴。岂可独为小人，甘与君子异路？

【注释】

①世故：指待人接物的处事经验，也指世俗人情。

②时务：世事。

③败：消失。

④乱：扰乱，败坏。

⑤“不用僻药”句：不用邪异的方法治病，就不会有悖于成为良医的标准。

⑥“不押险韵”句：不用生僻的字押韵，就不会有损于全诗的音韵。

⑦后着：指下棋的时候时刻想到下一步的棋。

⑧峻怕狭，圆怕滑：生性严厉的人不要褊狭，天性圆通的人不要狡猾。

⑨缄：封闭。

⑩事到不得不言，言即无容徇隐：事情不到万不得已的地步就不说出来，既然说了，就不要徇私隐瞒。

避害之心太明，究竟未必有害[1]，甘受讥评，枉生机械[2]。

救人一命，胜造七级浮图[3]；完人一家骨肉，乐于二十四考中书[4]。

抱着一段喜神[5]，只觉世无可恶之人；含着一腔生意，惟愿人无不遂之事[6]。

奇之又奇，儿不怕老子，老子怕儿。

好酒者十之一，好色者十之七，好财者十而十。

有钱而啬钱，有官而辱官，读书不知书，三般大糊涂。

【注释】

①究竟：终究。

②机械：巧诈。《淮南子·原道训》："故机械之心，藏于胸中，则纯白不粹，神德不全。"

③浮图：也作"浮屠"，指佛塔。

④二十四考中书：《旧唐书》载，郭子仪任中书令时，共主持过二十四次对官吏的考试，所以后人用"二十四考中书"借指某人长期身居高位。

⑤喜神：指可喜之事。

⑥生意：生机，生命力。遂：遂意，称心。

忽忽一日[1]，匆匆一生，

到头成件甚事[2]？到底算个甚人？

【注释】

①忽忽：倏忽。形容时间过得很快。《后汉书·冯衍传》："岁忽忽而日迈兮，寿冉冉其不与。"

②到头成件甚事：到头来到底做了什么事。